Dr. Džerok Li

Tražite
i molite se

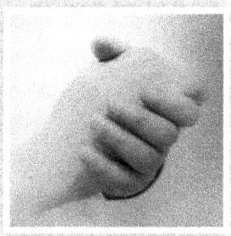

*I došavši k učenicima
nađe ih gdje spavaju, i reče Petru:
„Zar ne mogoste jedan čas
postražiti sa mnom?
Stražite i molite se Bogu
da ne padnete u napast;
jer je duh srčan, ali je tijelo slabo."
(Jevanđelje po Mateju 26:40-41)*

Tražite i molite se od Dr. Džeroka Lija
Objavile Urim knjige (Predstavnik: Johnny. H. Kim)
73, Yeouidaebang-ro 22-gil, Dongjak-gu, Seul, Koreja
www.urimbooks.com

Sva prava su zadržana. Ova knjiga ili njeni pojedini dijelovi ne smiju biti reprodukovani u bilo kojoj formi, ili biti smješteni u bilo kom renta sistemu, ili biti transmitovana bilo kojim načinom, elektronski, mehanički, fotokopiranjem, snimanjem, ili slično, bez prethodnog pismenog ovlašćenja izdavača

Autorska prava © 2010 od strane dr. Džeroka Lija
ISBN: 979-11-263-1148-4 03230
Prevodilačka Autorska Prava © 2015. god., dr. Ester K. Čung (Dr. Esther K. Chung). Korišćeno uz dozvolu.

Prethodno objavila na korejskom jeziku Urim knjige u 1992.g.

Prvo izdanje, februar 2016.g

Uredio dr. Geumsun Vin
Dizajnirao Urednički biro Urim Books
Štampa Yewon Printing Company
Za više informacija kontaktirati na urimbook@hotmail.com

Poruka o objavljivanju

Kako nam Bog zapovijeda da se stalno molimo, On nas takođe upućuje na razne načine zašto mi moramo stalno da se molimo i upozorava nas da se molimo da ne bi pali u iskušenje.

Baš kao što pravilno disanje nije težak zadatak za osobu koja je u stanju dobrog zdravlja, duhovno zdravi pojedinci smatraju prirodnim i ne nalaze napornim da žive po Božjoj Riječi i mole se stalno kao i obično. To je zato što koliko god da se moli, on će uživati u dobrom zdravlju i sve će mu ići dobro čak i kada njegova duša postaje dobro. Značaj molitve dakle, ne može nikada biti dovoljno naglašen.

Osoba čiji je život završen ne može da diše kroz nozdrve. Na isti način, pojedinac kome je duh umro ne može da uzme duhovni dah. Drugim riječima, ljudski duh je stavljen u smrt zbog Adamovog grijeha, ali oni čiji je duh obnovljen Svetim Duhom nikada ne smiju da prestanu da se mole sve dok su njihovi duhovi živi, baš kao što mi ne možemo da napravimo pauzu u disanju.

Novi vjernici koji su nedavno prihvatili Isusa Hrista su poput djece. On ne znaju kako da se mole i obično smatraju da je molitva zamorna. Međutim, kada oni ne odustaju od oslanjanja na Riječ Božju i nastavljaju da se revnosno mole, njihov duh će rasti i postaće jači kako se energičnije mole. Ovi ljudi će onda shvatiti da ne mogu da žive bez molitvi, baš kao što niko ne bi mogao da živi bez disanja.

Molitva nije samo naš duhovni dah već prolaz dijaloga između Boga i Njegove djece, koji mora uvijek da ostane otvoren. Činjenica da je konverzacija između mnogih roditelja i njihove djece prekinuta u modernijim porodicama je ništa manja od tragedije. Međusobno povjerenje je uništeno i njihov odnos je čista formalnost. Međutim, ne postoji ništa što ne bismo mogli reći našem Bogu.

Naš svemogući Bog je brižni Otac koji zna i razumije nas najbolje, obraća veliku pažnju na nas sve vrijeme i želi od nas da razgovaramo iznova s Njim. Za sve vjernike međutim, molitva je ključ da kucamo i otvorimo vrata do srca svemogućeg Boga i oružje koje prevazilazi vrijeme i prostor. Zar nismo vidjeli, čuli i iskusili iz prve ruke mnogobrojne hrišćane čiji su životi bili preoblikovani i smjer svijetske istorije kako se promjenio zbog moćne molitve?

Kako mi ponizno tražimo pomoć Svetog Duha kada se molimo, Bog će nas ispuniti Svetim Duhom, dozvoliće nam da jasno razumijemo Njegovu volju i živimo po njoj i omogućiće nam da prevaziđemo neprijatelja đavola i da budemo pobjednici na ovoj zemlji. Međutim, kada neko ne uspije da dobije vođstvo Svetog Duha zato što se ne moli, on će se osloniti najprije i sve više na svoje sopstvene misli i teorije i živeće u neistini koja je protiv volje Božje i za njega će biti teško da dobije spasenje. Zbog toga nam Biblija u Poslanici Kološanima 4.2 govori: „Da vam se ne dosadi molitva; i stražite u njoj sa zahvaljivanjem," i u Jevanđelju po Mateju 26:41: „Stražite i molite se Bogu da ne padnete u napast; jer je duh srčan, ali je tijelo slabo."

Razlog zbog kojeg je Božji jedan i jedini Sin Isus mogao da ispuni Njegovo delo u skladu sa voljom Božjom je zbog moći molitve. Prije nego što je počeo sa Njegovim javnim službovanjem, naš Gospod Isus je postio 40 dana i postavio je primjer života u molitvi moleći se kada god je On mogao čak i za vrijeme Njegove službe od tri godine.

Mi nailazimo da su mnogi hrišćani prepoznali važnost molitva ali mnogi od njih ne uspijevaju da dobiju Božje odgovore zato što oni ne znaju kako da se mole u skladu sa voljom Božjom. Bio sam slomljenog srca kada sam vidio i čuo o takvim pojedincima dugo vremena ali veoma mi je drago da objavljujem knjigu o molitvama na osnovu iskustva od više 20 godina službovanja i iskustva iz prve ruke.

Ja se nadam da će ova mala knjiga biti od velike pomoći

svakom čitaocu u ispunjavanju i doživljavanju Boga i u vođenju života sa moćnim molitvama. Da svaki čitalac bude oprezan i da se stalno moli kako bi mogao da uživa u dobrom zdravlju i da mu sve ide dobro kako je i njegova duša dobro, u ime Gospoda ja se molim!

Jaerock Lee

Sadržaj

Tražite i molite se

Poruka o objavljivanju

Poglavlje 1
Ištite, tražite i kucajte • 1

Poglavlje 2
Vjerujte da ste ih primili • 21

Poglavlje 3
Vrsta molitve sa kojom je Bog zadovoljan • 35

Poglavlje 4
Da ne biste pali u iskušenje • 57

Poglavlje 5
Djelotvorna molitva pravednog čovjeka • 73

Poglavlje 6
Velika moć molitve u dogovoru • 85

Poglavlje 7
Uvijek se molite i nikad ne odustajte • 101

Poglavlje 1

Ištite, tražite i kucajte

„Ištite, i daće vam se;
tražite, i naći ćete;
kucajte, i otvoriće vam se.
Jer svaki koji ište, prima,
i koji traži, nalazi,
i koji kuca, otvoriće mu se.
Ili koji je među vama čovjek u koga,
ako zaište sin njegov hljeba kamen da mu da?
Ili ako ribe zaište,
da mu da zmiju?
Kad dakle vi, zli budući, umete dare dobre davati djeci svojoj
koliko će više Otac vaš nebeski
dati dobra onima koji Ga mole!"

(Jevanđelje po Mateju 7:7-11)

1. Bog daje dobre darove onima koji traže

Bog ne želi da Njegova djeca pate od siromaštva i bolesti već želi da sve stvari u njihovim životima idu dobro. Međutim, ako mi samo sjedimo skrštenih ruku i ne ulažemo nikakav napor, mi nećemo ništa požnjeti. Iako je Bog mogao da nam da sve u univerzumu zato što sve u univerzumu Njemu pripada, On želi da Njegova djeca pitaju, traže i ostvare sve sami baš kao što stara izreka kaže: „Ti bi nahranio bebu koja plače."

Ako postoji osoba koja želi da sve dobije dok stoji mirno po strani, on se ne razlikuje od cvijeća zasađenog u bašti. Koliko obeshrabreni bi roditelji bili ako bi se njihova djeca ponašala kao postrojene biljke i provodili dan u krevetu bez ulaganja ikakvog napora da bi živjeli svojim životom? Takvo ponašanje je kao kada lijen čovjek rasipa svoje vrijeme čekajući da plod sa drveta padne u njegova usta.

Bog želi da mi postanemo Njegova mudra i revnosna djeca koja revnosno ište, traže i kucaju dok uživaju u Njegovim blagoslovima i daju Njemu slavu. To je upravo razlog zbog kog nam On zapovijeda da ištemo, tražimo i kucamo. Ni jedan roditelj neće djetetu dati kamen kada dijete traži hleb. Ni jedan roditelj neće djetetu dati zmiju kada dijete traži ribu. Čak iako je roditelj toliko zloban, on želi da da dobre darove svojoj djeci. Zar ne mislite da će naš Bog – koji je nas volio do te mjere da je dao Njegovog jedinorodnog Sina da umre zbog nas – dati Njegovoj djeci dobre darove ako potraže?

U Jevanđelju po Jovanu 15:16 Isus nam govori: „Vi Mene ne izabraste, nego Ja vas izabrah, i postavih vas da vi idete i rod rodite; i da vaš rod ostane, da šta god zaištete u Oca u ime Moje da vam da." Ovo je svječano obećanje svemogućeg Boga ljubavi da kada mi revnosno ištemo, tražimo i kucamo, On će otvoriti nebesku kapiju, blagosloviće nas i čak će odgovoriti na želje našeg srca.

Sa odlomkom na kome se zasniva ovo poglavlje, hajde da naučimo kako da ištemo, tražimo i kucamo i dobijemo sve što smo tražili od Boga tako da će to biti velika slava za Njega i velika radost za nas.

2. Traži i biće ti dato

Bog govori svim ljudima: „Traži i biće ti dato" i želi da svako bude blagoslovena osoba koja dobija sve što traži. Zbog čega nam On govori onda da tražimo?

1) Tražite Božju snagu i gledajte Njegovo lice

Bog, nakon što je On stvorio nebesa i zemlju i sve u njoj, stvorio je čovjeka. I On ih blagoslovi i reče čovjeku da se rađaju i množe i napune zemlju i vladaju nad njom i da gospodare nad ribama morskim i pticama nebeskim i nad svime što se miče po zemlji.

Nakon što se prvi čovjek Adam nije povinovao Božjoj Riječi, međutim on je izgubio ove blagoslove i krio se od Boga kada bi čuo Njegov glas. Pored toga, čovječanstvo koje je postalo grešno bilo je otuđeno od Boga i izbačeno na put propasti kao robovi neprijatelja đavola.

Za ove grešnike, Bog ljubavi poslao je Njegovog Sina Isusa Hrista na zemlju da ih spase i otvorio je vrata za njihovo spasenje. I ako neko prihvati Isusa Hrista kao svog ličnog Spasitelja i vjeruje u Njegovo ime, Bog će mu oprostiti njegove grijehove i daće mu dar Svetog Duha.

Šta više, vjera u Isusa Hrista nas vodi ka spasenju i omogućuje nam da primimo snagu od Boga. Samo kada nam Bog da Njegovu snagu i moć, mi možemo uspješno da vodimo religiozan život. Drugim riječima, samo uz milost i snagu odozdo, mi možemo da prevaziđemo svijet i živimo po Riječi

Božjoj. I mi moramo da primimo Njegovu moć da bi pobijedili đavola.

Psalmi 105:4 nam govore: „Tražite GOSPODA i silu Njegovu, tražite lice Njegovo bez prestanka." Naš Bog je: „JA SAM ONAJ ŠTO JESTE" (Izlazak 3:14), To je postanje neba i zemlje (Postanak 2:4) i Gospodar cijele istorije i svega u univerzumu od početka i zauvijek. Bog je Riječ i sa Riječju On je stvorio sve u univerzumu i zbog toga, Njegova Riječ je moć. Zato što se ljudska riječ uvijek mijenja, ona ne nosi moć da stvara ili da učini da se stvari događaju. Za razliku od riječi čovjeka koja je neistinita i uvijek se mijenja, Riječ Božja je živa i puna moći i može da izvodi djela stvaranja.

Prema tome, bez obzira koliko neko može moćan da bude, ako on čuje Riječ Božju koja je živa i vjeruje u nju bez sumnji, on takođe može da izvodi djela stvaranja i stvori nešto od ničega. Stvaranje nečega od ničega je nemoguće bez nečije vijere u Božju Riječ. Zbog toga je Isus objavio svima onima koji su došli pred Njega: „Kako si vjerovao neka ti bude." Sve u svemu, tražiti snagu od Boga je isto kao da tražimo od Njega da nam da vjeru.

Šta onda znači da: „tražite lice Njegovo bez prestanka?" Baš kao što ne može da se kaže za nas da „znamo" nekoga a nismo vidjeli njegovo lice, „tražiti Njegovo lice" se odnosi na napor koji treba da uložimo u otkrivanju „ko je Bog." To znači da su oni koji su ranije izbjegavali da vide Božje lice i da čuju Njegov glas sada otvorili svoja srca, traže i razumiju Boga i pokušavaju da čuju Njegov glas. Grešnik nije u stanju da podigne svoju glavu i pokušava da okrene svoje lice od drugih. Jednom kada dobije oproštaj, on može da podigne svoju glavu i da pogleda druge ljude.

Na isti način, svi ljudi su bili griješnici zbog nepokornosti prema Božjoj Riječi, ali ako je jednom oprošteno prihvatanjem Isusa Hrista i postao je Božje dijete primanjem Svetog Duha, on sada može da vidi Boga koji je Sam Svjetlost, jer je proglašen da je pravedan sa pravednošću Božjom.

Najvažniji razlog zbog koga Bog govori ljudima da „traže Božje lice" je taj da On želi da se svako od njih – griješnika – pomiri sa Bogom i primi Svetog Duha tražeći da vidi Božje lice i da postane Njegovo dijete koji može da stane pred Njim licem u lice. Kada jedan postane dijete Boga Stvoritelja, on će dobiti nebesa i vječni život i sreću, iznad čega ništa drugo nije veći blagoslov.

2) Molite da dostignete Božje kraljevstvo i pravednost

Osoba koja je dobila Svetog Duha i postala dijete Božje može da živi novim životom, jer je ponovo rođen od Duha. Bog koji smatra mnogo dragocijenom jednu dušu više od nebesa i zemlje govori Njegovoj djeci da traže da ispune Njegovo kraljevstvo i pravednost iznad svega drugoga (Jevanđelje po Mateju 6:33).

Isus nam govori u Jevanđelju po Mateju 6:25-33 kao što slijedi:

Zato vam kažem: ne brinite se za život svoj, šta ćete jesti, ili šta ćete piti; ni za tijelo svoje, u šta ćete se obući. Nije li život pretežniji od hrane, i tijelo od odijela? Pogledajte na ptice nebeske kako ne siju, niti žnju, ni sabiraju u žitnice; pa Otac vaš nebeski hrani ih. Niste li vi mnogo pretežniji od njih? A ko od vas brinući se može dodati životu svom sat jedan? I za odjelo što se brinete? Pogledajte na ljiljane u polju kako rastu; ne trude se niti predu; ali Ja vam kažem da ni Solomun u svoj svojoj slavi ne obuče se kao jedan od njih. A kad travu u polju, koja danas jeste, a sutra se u peć baca, Bog tako odjeva, a kamoli vas? Malovjerni! Ne brinite se dakle govoreći: Šta ćemo jesti, ili, šta ćemo piti, ili, čim ćemo se odjenuti? Jer sve ovo neznabošci ištu; a zna i Otac vaš nebeski da vama treba sve ovo. Nego ištite najprije carstvo

Božje, i pravdu Njegovu, i ovo će vam se sve dodati.

Šta onda znači: „ištite Božje kraljevstvo" i šta znači: „ištite Njegovu pravednost?" Drugim riječima, šta bi mi trebali da tražimo za ispunjavanje Božjeg kraljevstva i Njegove pravednosti?

Za čovječanstvo koji su bili robovi neprijatelju đavolu i osuđeni na uništenje, Bog je poslao Njegovog jednog i jedinog Sina na zemlju i dozvolio je Isusu da umre na krstu. Kroz Isusa Hrista, Bog je takođe obnovio vlast koju smo izgubili i dozvolio nam da hodamo na put spasenja. Što više širimo vijesti o Isus Hristu koji je umro za nas i vaskrso, time se više Sotonina sila uništava. Što je više Sotonina sila uništena, više će duša doći do spasenja. Što više duša dolazi do spasenja, više će biti Božje kraljevstvo uvećano. Tako da „ištite Božje kraljevstvo" odnosi se na molitve za djela u spašavanju duša ili sjvetsku misiju, kako bi svi ljudi mogli da postanu Božja djeca.

Nekada smo živjeli u mraku i u sredini grijeha i zla, ali kroz Isusa Hrista mi smo ovlašćeni da stanemo pred Bogom koji je Sam svjetlost. Zato što Bog boravi u dobroti, u pravednosti i u svjetlosti, sa grijehom i zlobom mi ne možemo ni da stanemo pred Njim niti da postanemo Njegovo dijete.

Prema tome „ištite Njegovu pravednost" se odnosi na molitvu da nečiji mrtvi duh može da oživi, njegova duša napreduje i da on postane pravedan dok živi u skladu sa Božjom Riječi. Moramo da pitamo Boga da nam dozvoli da čujemo i budemo prosvetljeni Božijom Riječju, izađemo iz grijeha i tame i boravimo u svjetlosti i postanemo posvećeni poslije uzimanja Božje svjetosti.

Odbacivanjem djela mesa u skladu sa željama Svetog Duha i postati posvećeni dok živimo po istini jeste ispunjavanje Božje pravednosti. Šta više, kako mi tražimo ispunjavanje Božje pravednosti mi ćemo uživati u dobrom zdravlju i sve će nam ići dobro čak i kako naša duša napreduje (3. Jovanova Poslanica 1:2). Zbog toga nam Bog zapovijeda da najprije tražimo ispunjenje Božjeg kraljevstva i Njegove pravednosti obećava nam da će nam i sve ostalo što smo tražili takođe biti dato.

3) Molba da postanemo Njegov radnik i odradimo Bogom date zadatke

Ako tražite da ispunite Božje kraljevstvo i pravednost, onda morate da se molite da postanete Njegov radnik. Ako već jeste Njegov radnik, vi morate iskreno da se molite da odradite Bogom date zadatke. Bog nagrađuje one koji iskreno traže Njega

(Poslanica Jevrejima 11:6) i dodjeliće Njegove nagrade svakom čovjeku u skladu sa tim šta je učinio (Otkrivenje Jovanovo 22:12).

U Otkrivenju Jovanovom 2:10 Isus nam govori: „Budi vjeran do same smrti, i daću ti vijenac života." Čak i u ovom životu, kada neko revnosno studira on može da dobije stipendiju i da uđe na dobar fakultet. Kada neko radi teško na svom poslu, on može da bude unapređen i da dobije bolje povlastice i veću platu.

Na isti način, kada su Božja djeca predana svojim Bogom datim zadacima, njima će biti dodjeljeni veći zadaci i veće nagrade. Nagrade sa ove zemlje ne mogu da se uporede sa nagradama u nebeskom kraljevstvu u veličini i slavi. Prema tome, na sopstvenim pozicijama svako od nas mora da postane nestrpljiv u vjeri i da se moli da postane Božji dragocijen radnik.

Ako neko još nema Bogom dat zadatak, on mora da se moli da postane radnik za Božje kraljevstvo. Ako je nekome već dat zadatak, on mora da se moli da ga obavi dobro i da gleda za veći zadatak. Laik mora da se moli da postane đakon, dok đakon mora da se moli da postane starješina. Vođa starješina trebao bi da se moli da postane zamjenik župana, zamenik župana da bude županski starješina, a županski starješina da postane više od toga.

Ovo ne znači da jedan treba da traži titulu starješine ili

đakona. To se odnosi na želju da bude vjeran svojim zadacima, da ulaže što više napora prema njima i da služi i bude korišćen u većim količinama od Boga.

Najvažnija stvar za osobu koja ima Bogom date zadatke je vrsta odanosti sa kojom on može i više nego da obavlja čak i veće zadatke od zadataka koje trenutno ima. Zbog ovoga, on mora da se moli da bi mu Bog zapovijedio: „Dobro urađeno, dobri i odani slugo!"

1. Korinćanima Poslanica 4:2 nam govori: „A od pristava se ne traži više ništa, nego da se ko vijeran nađe." Prema tome, svako od nas mora da se moli da postane Boji odan radnik u našoj crkvi, tijelo Hrista i u našim različitim pozicijama.

4) Molba za svakodnevni hjleb

Da bi oslobodio čovjeka od njegovog siromaštva, Isus je rođen siromašan. Da bi iscijelio svaku bolest i slabost, Isus je proboden i prolio je Njegovu krv. Prema tome, to je samo prirodno Božjoj djeci da uživaju u obilnim i zdravim životima i da im svaka stvar ide dobro u životu.

Kada mi prvo tražimo ispunjenje Božjeg kraljevstva i pravednosti, On nam govori da će nam takođe sve te stvari biti date (Jevanđelje po Mateju 6:33). Drugim riječima, nakon što tražimo ispunjenje Božjeg kraljevstva i pravednosti, mi ćemo se moliti za stvari koje su potrebne na ovoj zemlji, kao što su hrana, sklonište, posao, blagoslov za naš posao, dobrobit u našoj porodici i slično tome. Bog će nas tada ispuniti baš kao što je On i obećao. Imajte na umu da ako tražimo takve stvari zbog naših pohotnih želja a ne zbog Njegove slave, Bog neće odgovoriti na naše molitve. Molitva griješnih želja nema nikakve veze sa Bogom.

3. Tražite i naći ćete

Ako „tražite," to znači da ste nešto izgubili. Bog želi da ljudi posjeduju to „nešto" što su izgubili. Zato što nam On zapovijeda da tražimo, mi prvo moramo da utvrdimo šta smo to mi izgubili da bi mogli da tražimo to „nešto" što smo izgubili. Mi takođe moramo da smislimo kako ćemo to pronaći.

Šta smo onda mi to izgubili i kako da ga „tražimo?"

Prva osoba koju je Bog stvorio bila je živo biće napravljeno od duha, duše i tijela. Kao živo biće koje je moglo da komunicira sa Bogom koji je Duh, prvi čovjek je uživao u blagoslovima koje mu je Bog dao i živio je po Njegovoj Riječi.

Ipak, nakon što ga je Sotona zavela, prvi čovjek se nije

pokorio Božjoj zapovijesti. U Postanku 2:16-17 mi nailazimo: „I zaprijeti GOSPOD Bog čovjeku goreći: 'Jedi slobodno sa svakog drveta u vrtu; ali s drveta od znanja dobra i zla, s njega ne jedi; jer u koji dan okusiš s njega, umrijećeš.'"

Čak iako je cio zadatak čovjeka da se plaši Boga i da održava Njegove Zapovijesti (Knjiga Propovjednika 12:13), prvi stvoren čovjek nije održao Božju zapovijest. Na kraju, kako ga je Bog upozorio, nakon što je jeo sa drveta spoznaje dobra i zla, njegov duh u njemu je umro i on je postao čovjek od duše koji nije više mogao da komunicira sa Bogom. Pored svega, duhovi njegovih potomaka su umrli i oni su postali ljudi od mesa i nisu više mogli da obavljaju svoje svete dužnosti. Adam je bio izbačen iz Edenskog vrta na prokletu zemlju. On i svi oni koji su došli poslije njega sada su morali da žive u usred tuge, patnje i bolesti i samo sa znojem sa njihovog lica mogli su da jedu. Šta više, oni više nisu mogli da žive na dostojan način u cilju Božjeg stvaranja već kako su se besmislene stvari sprovodile u skladu sa njihovim mislima, oni su postali podmitljivi.

Da bi pojedinac čiji je duh umro i samo je od svoje duše i mesa ponovo živio na način vrijedan namjeni Božjeg stvaranja, on mora da povrati izgubljeni duh. Samo kada je mrtav duh u čovjeku oživljen, on postaje čovjek od duha i može da komunicira sa Bogom koji je Duh i moći će da živi kao iskren čovjek. Zbog toga nam Bog zapovijeda da tražimo naš izgubljeni duh.

Bog je otvorio put za sve ljude da ožive svoj mrtvi duh i taj put je Isus Hrist. Kada mi vjerujemo u Isusa Hrista, kao što nam je Bog obećao, mi ćemo dobiti Svetog Duha i Sveti Duh će ući i boraviti u nama i vratiće u život naš mrtvi duh. Kada mi tražimo Božje lice i primimo Isusa Hrista nakon što čujemo Njegovo kucanje na vratima našega srca, Sveti Duh će doći i izrodiće duh (Jevanđelje po Jovanu 3:6). Kako mi živimo u pokornosti prema Svetom Duhu, odbacimo djela mesa, revnosno slušamo, uzimamo, pravio hljeba od toga i molimo se sa Božjom Riječju, uz Njegovu pomoć mi ćemo moći da živimo po Njegovoj Riječi. Ovo je proces u kome je mrtvi duh oživljen i jedan postaje čovjek od duha i obnavlja izgubljenu sliku Božju.

Kada mi želimo da pojedemo veoma hranljivo žumance iz jajeta, mi najprije treba da razbijemo ljusku od jajeta i da izvadimo bjelanac. Na sličan način, kako bi pojedinac postao čovjek od duha, njegova djela mesa moraju da budu odbačena i on mora da ponovo rodi duha uz Svetog Duha. Ovo je „traženje" o kome Bog govori.

Pretpostavimo da su svi električni sistemi na svijetu isključeni. Ni jedan ekspert koji radi sam ne može da obnovi sisteme. Trebalo bi veoma dugo vremena za eksperta da pošalje električare i da proizvede potrebne dijelove kako bi se struja obnovila u svakom dijelu svijeta.

Slično tome, da bi oživio mrtvi duh i postao u potpunosti čovjek od duha, jedan mora da čuje i zna Riječ Božju. Ipak, poznavati samu Riječ nije dovoljno da bi on postao čovjek od duha, on mora revnosno da je prihvati, napravi hljeb i moli se sa Riječju da bi mogao da živi po Božjoj Riječi.

4. Kucaj i vrata će ti se otvoriti

„Vrata" o kojima Bog govori su vrata obećanja koja će se otvoriti kada na njih pokucamo. Na koju vrstu vrata nam Bog govori da kucamo? To su vrata do srca našeg Boga.

Prije nego što smo pokucali na vrata srca našeg Boga, On je prvo pokucao na vratima našeg srca (Otkrivenje Jovanovo 3:20). Kao rezultat, mi smo otvorili vrata našeg srca i prihvatili Isusa Hrista. Sada, na nas je red da pokucamo na vratima Njegovog srca. Zato što je srce našeg Boga prostranije nego nebesa i dublje nego okean, kada mi pokucamo na vrata Njegovom neizmerivog srca, mi možemo da dobijemo sve.

Kako se mi molimo i kucamo na vratima Njegovog srca, On će otvoriti kapije i zasuće nas blagom. Kada Bog, koji otvori i niko ne može da zatvori, koji zatvori i niko ne može da otvori, otvori kapije nebeske i obećava da će nas blagosloviti, niko ne može da Njemu stane na put i poplavi blagoslova (Otkrivenje Jovanovo 3:7).

Mi možemo da dobijemo Božje odgovore kada kucamo na vratima Njegovog srca. Ipak, u zavisnosti koliko neko kuca na vratima, on može da dobije ili velike ili male blagoslove. Ako on želi da dobije velike blagoslove, kapije nebesa moraju da budu širom otvorene. Prema tome, on treba da kuca na vratima Božjeg srca mnogo jače i revnosno i da Njemu udovolji.

Pošto je Bog zadovoljan kada mi odbacimo zlo i živimo po Njegovim zapovjestima u istini, ako živimo po Riječi Božjoj, mi možemo da dobijemo šta god da potražimo. Drugim riječima „kucati na vratima srca Božjeg" se odnosi na živjeti po Božjim zapovijestima.

Kada mi revnosno kucamo na vratima Njegovog srca, Bog nas nikada neće prekoriti i reći: „Zašto kucaš toliko glasno?" To je upravo suprotno. Bog će biti još više zadovoljniji i želeće da nam da ono što tražimo. Prema tome, ja se nadam da ćete vi kucati na vrata Božjeg srca sa svojim djelima, da ćete dobiti sve što tražite i da ćete zbog toga dati veliku slavu Bogu.

Jeste li nekada uhvatili pticu sa praćkom? Ja se sjećam da sam jednom čuo jednog od prijatelja moga oca koji je pohvalio moje sposobnosti u pravljenju praćke. Praćka je sprava koja je pažljivo pravljena od rezbarenog komada drveta i ispaljuje kamen sa gume koja je vezana na parčetu drveta u obliku slova „Y."

Ako bih uporedio Jevanđelje po Mateju 7:7-11 sa praćkom, „tražiti" se odnosi na praćku i kamen sa kojom se hvata ptica. Onda vi treba dobro da se opremite da bi imali sposobnost da pogodite pticu. Šta bi vam dobra praćka i kamen uradili kada ne bi znali kako da gađate? Možda ćete poželjeti da napravite metu, da se upoznate sa karakteristikama praćke, vežbate gađajući metu i utvrđujete i razumijećete najbolje načine da bi pogodili pticu. Ovaj proces je jednak „traženju." Čitajući, uzimajući je, praviti hljeb od Riječi Božje, kao dijete Božje ste sada opremili sebe sa kvalifikacijama da dobijete Njegove odgovore.

Ako ste sebe opremili sa sposobnošću da baratate praćkom i imate dobro gađanje, vi sada morate da gađate i ovo može da se uporedi sa „kucanjem." Čak iako su praćka i kamen spremni i čak iako ste sebe osposobili sa veštinama da dobro gađate, ako ne gađate vi ne možete da uhvatite pricu. Drugim riječima, samo kada mi živimo po Riječi Božjoj od koje smo napravili hljeb u našim srcima, mi ćemo dobiti ono što smo tražili od Njega.

Ištenje, traženje i kucanje nisu odvojeni procesi već isprepletana procedura. Sada vi znate šta da ištete, tražite i na šta da kucate Da date veliku slavu Bogu kao Njegovo blagosloveno dijete kako dobijete odgovore na želje vašeg srca marljivim i revnosnim ištenjem, traženjem i kucanjem, u ime našeg Gospoda ja se molim!

Poglavlje 2

Vjerujte da ste ih primili

Jer vam zaista kažem: ako ko riječe gori ovoj,
„Digni se i baci se u more"
i ne posumnja u srcu svom,
nego uzvjeruje da će biti kao što govori,
biće mu šta god reče.
Zato vam kažem,
sve što ištete u svojoj molitvi,
vjerujte da ćete primiti
i biće vam.

(Jevanđelje po Marku 11:23-24)

1. Velika moć vjere

Jednog dana, dok su Njega pratili Isusovi učenici čuli su njihovog Učitelja kako govori besplodnom drvetu smokve: „Da nikad na tebi ne bude roda do vijeka!"(Jevanđelje po Mateju 21:19) Kada su oni vidjeli da je drvo uvenulo do svojih korena, učenici su bili zapanjeni i ispitivali su Isusa. U odgovoru On im je rekao: „Zaista vam kažem: ako imate vjeru i ne posumnjate, ne samo smokveno učinićete, nego i gori ovoj ako kažete: Digni se i baci se u more, biće" (Jevanđelje po Mateju 21:21).

Isus je takođe obećao: „Zaista, zaista vam kažem: koji vjeruje Mene, djela koja Ja tvorim i on će tvoriti, i veća će od ovih tvoriti; jer Ja idem k Ocu Mom. I šta god zaištete u ime Moje, ono ću vam Ja učiniti, da se proslavi Otac u Sinu. I ako šta zaištete u ime Moje, Ja ću učiniti" (Jevanđelje po Jovanu 14:12-14), i „Ako ostanete u Meni i riječi Moje u vama ostanu, šta god hoćete ištite, i biće vam. Tim će se Otac Moj proslaviti, da rod mnogi rodite; i bićete Moji učenici" (Jevanđelje po Jovanu 15:7-8).

Ukratko, zato što je Bog Stvoritelj Otac onih koji su prihvatili Isusa Hrista, željama u njihovim srcima može biti odgovoreno kada vjeruju i povinuju se Božjoj Riječi. U Jevanđelju po Mateju 17:20 Isus nam govori: „Za nevjerstvo vaše; jer vam kažem zaista, ako imate vjere koliko zrno gorušičino, reći ćete gori ovoj: Pređi odavde tamo, i preći će, i ništa neće vam biti nemoguće." Zašto onda mnogi ljudi ne uspijevaju da dobiju odgovore od Boga i ne mogu da daju slavu Njemu uprkos mnogim provedenim satima u molitvi? Hajde da istražimo kako možemo da dajemo slavu Bogu dok smo dobili sve za šta smo se molili i tražili.

2. Vjeruj u svemogućeg Boga

Da bi čovjek održao svoj život od momenta svog rođenja, on će vjerovatno zahtijevati neke neophodne stavke kao što je hrana, odjeća, sklonište i slično tome. Ipak, najvažniji sastavni elemenat da bi se održao život je disanje; omogućuje životnu egzistenciju mogućom i življenje čini vrijednim. Dok djeca Božja koja su prihvatila Isusa Hrista i bila ponovo rođena takođe zahtjevaju mnoge stvari u životu, najosnovnije od svega u njihovim životima je molitva.

Molitva je prolaz dijaloga sa Bogom koji je Duh kao i dah za naš duh. Šta više, za molitvu se takođe podrazumijeva da tražimo Boga i dobijemo Njegove odgovore, najvažniji segment u molitvi je srce sa kojim mi vjerujemo u svemogućeg Boga. U zavisnosti od stepena nečijeg vjerovanja u Boga kako se moli, on će osjetiti sigurnost u Božjem odgovoru i dobiće odgovore u skladu sa njegovom vjerom.

Sada, ko je taj Bog u koga mi stavljamo našu vjeru?

U opisivanju Sebe u Otkrivenju Jovanovom 1:8, Bog je rekao: „Ja sam Alfa i Omega, Početak i Svršetak, govori Gospod, koji jeste, i koji bijaše, i koji će doći, Svedržitelj." Bog predstavljen u Starom Zavjetu je Stvoritelj svega u univerzumu (Postanak 1:1-3), i razdijelio je Crveno more i onda je dozvolio Izraelcima koji su napustili Egipat da ga pređu (Izlazak 14:21-29). Kada su se Izraelci povinovali Božjoj zapovijesti i marširali oko grada Jerihona sedam dana i glasno vikali, naizgled neuništive zidine Jerihona su se srušile (Isus Navin 6:1-2). Kada se Isus Navin molio Bogu u sredini borbe protiv Amorejca, Bog je zaustavio sunce i mjesec je stao (Isus Navin 10:12-14).

U Novom Zavjetu, Isus, Sin svemogućeg Boga, podizao je mrtve iz groba (Jevanđelje po Jovanu 11:17-44), iscjeljivao svaku bolest i slabost (Jevanđelje po Mateju 4:23-24), otvorio oči slijepome (Jevanđelje po Jovanu 9:6-11) i načinio da hrom ustane i ponovo hoda (Djela Apostolska 3:1-10). On je takođe jednom istjerao silu neprijatelja đavola i zle duhove Njegovom Riječju (Jevanđelje po Marku 5:1-10), a sa pet vekni hljeba i dvije ribe, On je obezbjedio dovoljno hrane za 5.000 ljudi da jedu i budu siti (Jevanđelje po Marku 6:34-44). Šta više, smirujući vjetar i talase, On je pokazao nama iz prve ruke da je On Gospodar svih stvari u univerzumu (Jevanđelje po Marku 4:35-39).

Prema tome, mi moramo da vjerujemo u svemogućeg Boga koji nam daje dobre darove u Njegovoj obilnoj ljubavi. Isus nam je rekao u Jevanđelju po Mateju 7:9-11: „Ili koji je među vama čovjek u koga, ako zaište sin njegov hljeba kamen da mu da? Ili ako ribe zaište, da mu da zmiju? Kad dakle vi, zli budući, umijete dare dobre davati djeci svojoj, koliko će više Otac vaš nebeski dati dobra onima koji Ga mole!" Bog ljubavi želi da da nama Njegovoj djeci najljepše darove.

U njegovoj preobilnoj ljubavi Bog nam je dao Njegovog jednog i jedinog sina. Šta više nam On ne bi dao? Isaija 53:5-6 nam govori: „Ali On bi ranjen za naše prestupe, izbijen za naša bezakonja; kar bijaše na Njemu našeg mira radi, i ranom Njegovom mi se iscjelismo. Svi mi kao ovce zađosmo, svaki nas se okrenu svojim putem, i GOSPOD pusti na Nj bezakonje svih nas." Iako je Isusa Hrista Bog pripremio za nas, mi smo dobili život iz smrti i mi možemo da uživamo u miru i budemo iscjeljeni.

Ako Božja djeca služe svemogućem i živom Bogu kao njihovom Ocu i vjeruju da Bog uzrokuje da sve stvari idu zajedno za dobro onih koji Njega vole i odgovara onima koji vape za Njim, oni ne smiju da budu zabrinuti ili nestrpljivi u vremenima iskušenja i nevolja, već umjesto toga da daju zahvalnost, radost i mole se.

Ovo je „vjerovanje u Boga" i On je zadovoljan da vidi takav prikaz nečije vjere. Bog nam takođe odgovara u skladu sa našom vjerom i pokazujući nam dokaz Njegovog postojanja, Bog nam dozvoljava da Njemu dajemo slavu.

3. Tražite u vjeri i ne sumnjajte

Bog stvoritelj nebesa, zemlje i čovječanstva dozvolio je čovjeku da zapiše Bibliju kako bi Njegova volja i proviđenje bile poznate svima. U svim vremenima, Bog takođe prikazuje sebe onima koji vjeruju i koji se pokoravaju Njegovoj Riječi i dokazuje nam da je On živ i svemogući kroz manifestovanja čudesnih znakova i čuda.

Mi možemo da vjerujemo u živog Boga dok samo gledamo na stvaranje (Poslanica Rimljanima 1:20) i dajemo slavu Bogu dobijanjem Njegovih odgovora sa našim molitvama koje su praćene našom vjerom u Njega.

Postoje „tjelesna vjera" sa kojom mi možemo da vjerujemo zato što su naše znanje i misli u skladu sa Božjom Riječju i „duhovna vjera," vrsta vjere sa kojom možemo da dobijemo od Njega odgovore. Dok je ono što nam Božja Riječ govori da je nemoguće kada se poredi sa ljudskim znanjem i mislima, kada tražimo od Njega sa vjerom u Njega, Bog nam daje vjeru i osjećaj sigurnosti. Ovi elementi se kristališu u odgovor i ovo je duhovna vjera.

Prema tome Jakovljeva Poslanica 1:6-8 nam govori: „Ali neka ište s vjerom, ne sumnjajući ništa; jer koji se sumnja on je kao morski valovi, koje vjetrovi podižu i razmeću. Jer takav čovjek neka ne misli da će primiti šta od Boga, koji dvoumi nepostojan je u svima putevima svojim."

Sumnja potiče od ljudskog znanja, misli, argumenata i pretenzije i to do nas dolazi od strane neprijatelja đavola. Srce koje sumnja je dvostruku um i lukavstvo i Bog to najviše prezire. Koliko tragično bi bilo da vaša djeca ne vjeruju već sumnjaju u to da li ste njihov biološki otac ili majka? Na isti način, kako Bog može da odgovori na molitve Njegove djece ako oni ne mogu da Njemu vjeruju da je On njihov Otac, iako ih je On rodio i negovao?

Mi smo zbog toga podsjećani: „Jer tjelesno mudrovanje

neprijateljstvo je Bogu, jer se ne pokorava zakonu Božjem niti može, a koji su u tijelu ne mogu Bogu ugoditi" (Poslanica Rimljanima 8:7-8), a naređuje nam: „I svaku visinu koja se podiže na poznanje Božje, i robimo svaki razum za pokornost Hristu" (2. Poslanica Korinćanima 10:5).

Kada se naša vjera transformiše u duhovnu vjeru i kada ne sumnjamo čak ni malo, Bog je svakako zadovoljan i daće nam sve ono što smo tražili. Kada nisu čak ni sumnjali ni Mojsije ni Isus Navin već su činili samo sa vjerom, oni su mogli da razdvoje Crveno more i unište zidine grada Jerihona. Na isti način, kada kažete planini: „Digni se i baci se u more" i ne sumnjate u vašem srcu već vjerujete da to što ste rekli će se dogoditi, to će biti za vas učinjeno.

Pretpostavimo da ste rekli Mont Everestu: „Idi i baci se u Indijski okean." Da li ćete dobiti odgovor na vašu molitvu? Očigledno je da će nastati globalni haos ako bi bio bačen u Indijski okean Mont Everest. Zbog ovoga to ne može biti i to nije Božja volja, na takvu molitvu biće ne odgovoreno bez obzira koleko se moli za to zato što On vam neće dati duhovnu vjeru sa kojom možete da vjerujete u Njega.

Ako se vi molite za nešto što je protiv Božje volje, vrsta vjere sa kojom vi možete da vjerujete u vašem srcu neće stići do vas.

Možda ćete vjerovati da će na vašu molitvu biti odgovoreno ali kako vrijeme prolazi, sumnje će početi da rastu. Samo kada se molimo i tražimo u skladu sa voljom Božjom bez čak i malo sumnji, mi ćemo dobiti Njegov odgovor. Prema tome, ako na vašu molitvu još nije odgovoreno, vi morate da razumijete da je to zbog toga što ste tražili nešto što je protiv volje Božje ili da ste krivi što ste sumnjali ili što sumnjate u Njegovu Riječ.

1. Poslanica Jovanova 3:21-22 nas podsjeća: „Ljubazni, ako nam srce naše ne zazire, slobodu imamo pred Bogom; i šta god zaištemo, primićemo od Njega, jer zapovijesti Njegove držimo i činimo šta je Njemu ugodno."

Ljudi koji se pokoravaju Božjim zapovijestima i koji čine ono što Bogu udovoljava ne traže stvari koje idu protiv volje Božje. Mi možemo da dobijemo sve što poželimo sve dok je naša molitva u skladu sa Njegovom voljom. Bog nam govori: „Sve što ištete u svojoj molitvi, vjerujte da ćete primiti, i biće vam" (Jevanđelje po Marku 11:24).

Prema tome, da bi dobili Božji odgovor, vi morate najprije od Njega da dobijete duhovnu vjeru koju On daje kada činite i živite po Njegovoj Riječi. Kako vi uništavate sve argumente i špekulacije koje su narasle protiv znanja Božjeg, sumnje će nestati i počećete da posjedujete duhovnu vjeru, a na taj način ćete dobiti sve što ste tražili.

4. Sve stvari za koje se molite i tražite, vjerujte da ste ih već dobili

Brojevi 23:19 nas podsjećaju: „Bog nije čovjek da laže, ni sin čovječji da se pokaje, šta kaže neće li učiniti? I šta reče neće li izvršiti?"

Ako vi zaista vjerujete u Boga, tražite sa vjerom i ne sumnjate čak ni malo, vi morate da vjerujete da ste već dobili sve što ste potražili i za šta ste se molili. Bog je svemoguć i vjeran i On obećava da će nam odgovoriti.

Zašto onda mnogi ljudi govore da nisu dobili Njegov odgovor uprkos njihovoj molitvi sa vjerom? Zar je ovo zato što im Bog nije odgovorio? Ne. Bog im je svakako odgovorio ali potrebno je vremena zato što oni nisu još pripremili sebe kao posude dovoljno vrijedne da sadrže Njegove odgovore.

Kada seljak posadi sjeme, on vjeruje da će požnjeti plodove ali ne može odmah da sakupi plodove. Nakon što je sjeme posađeno, ono klija, cvijeta i daje plodove. Nekom sjemenu je potrebno duže vremena branje plodova nego drugi. Slično tome, proces primanja Božjeg odgovora zahtjeva takvo sađenje i negovanje procedure.

Pretpostavimo da se neki student molio: „Dozvoli mi da uđem i da studiram na univezitetu Harvard." Ako se molio sa vjerom Njegove moći, Bog će svakako da odgovori na molitvu studenta. Međutim, odgovor na njegovu molitvu možda neće odmah da dođe. Bog priprema studenta da raste da postane posuda prikladna za Njegove odgovore i u kasnijem vremenu On će odgovoriti na molitvu. Bog će mu dati srce da uči naporno i revnosno tako da on može da bude odlikovan u školi. Kako student nastavi da se moli, Bog će pomjeriti iz njegovih misli svjetovne misli i daće mu mudrost i prosvetliće ga da još efikasnije studira. U skladu sa djelima studenta, Bog će upravljati u svakoj situaciji u njegovom životu da bi mu povoljno išla i opremiće studenta sa kvalifikacijama da uđe na Harvard i kada dođe vrijeme, Bog će mu dozvoliti da uđe na Harvard.

Isti princip se primjenjuje i nad ljudima pogođenim bolešću. Kako oni uče kroz Božju Riječ zašto je bolest došla i kako oni mogu da budu iscjeljeni, kada se oni mole sa vjerom oni mogu da prime iscjeljenje. Oni moraju da otkriju zid grijeha koji stoji između njih i Boga i da stignu do dna izvora bolesti. Ako je bolest došla zbog mržnje, oni moraju da odbace mržnju i da transformišu svoje srce u ono koje voli. Ako je bolest iznešena zbog prejedanja, oni moraju da prime od Boga moć samokontrole i poprave tu štetnu naviku. Samo kroz takav proces Bog daje ljudima vjeru sa kojom oni mogu da vjeruju i pripreme sebe da budu prikladne posude da bi dobili Njegove odgovore.

Molitva za napredovanje nečijeg poslovanja se ne razlikuje od slučajeva navedenih gore. Ako se vi molite da bi dobili blagoslove kroz vaše poslovanje, Bog će najprije vas staviti na test da bi postali posude vrijedne Njegovog blagoslova. On će vam dati mudrost i moć kako bi se vaša sposobnost u vođenju poslova istakla, da će vam se vaše poslovanje proširiti i da ćete moći da budete vođeni do savršene situacije u kojoj vodite poslove. On će vas voditi do čestitih osoba, uveliko će uvećati vaše prihode i kultivisaće vaše poslovanje. Kada vrijeme Njegovog odabira dođe, On će odgovoriti baš kao što ste se vi molili.

Kroz ovaj proces sjetve i negovanja, Bog će voditi vašu dušu ka naprijetku i staviće vas na test da bi od vas napravio posudu dovoljno vrijednu u dobijanju svega što ste tražili od Njega. Prema tome, u vama nikada ne treba da raste nestrpljivost zasnovana na vašim sopstvenim mislima. Umjesto toga, vi treba da prilagodite sebe Božjim okvirima i da čekate na Njegovo vrijeme, sa vjerovanjem da ste već dobili Njegove odgovore.

Svemogući Bog, u skladu sa zakonima duhovnog kraljevstva, odgovara Njegovoj djeci u Njegovoj pravdi i zadovoljan je kada oni od Njega traže sa vjerom. Poslanica Jevrejima 11:6 nas podsjeća: „A bez vjere nije moguće ugoditi Bogu; jer onaj koji hoće da dođe k Bogu, valja da vjeruje da ima Bog i da plaća onima koji Ga traže."

Da udovoljite Bogu posjedujući vrstu vjere sa kojom vjerujete da ste već sve dobili što ste tražili u molitvi i da date veliku slavu Njemu dobijajući sve što ste tražili, u ime našeg Gospoda ja se molim!

Poglavlje 3

Vrsta molitve sa kojom je Bog zadovoljan

I izišavši otide po običaju
na goru Maslinsku;
a za Njim otidoše učenici Njegovi.
A kad dođe na mjesto,
reče im,
„Molite se Bogu da ne padnete u napast."

I sam odstupi od njih kako se može kamenom dobaciti,
i kleknuvši na koljena moljaše se Bogu:
„Kad bi htio da proneseš ovu čašu mimo Mene;
Ali ne Moja volja nego Tvoja da bude."
A anđeo Mu se javi s neba,
i krepi Ga.
I budući u borenju, moljaše se bolje;
znoj pak Njegov bijaše kao kaplje krvi,
koje kapahu na zemlju.

(Jevanđelje po Luki 22:39-44)

1. Isus je dao primjer odgovarajuće molitve

Jevanđelje po Luki 22:39-44 prikazuje scjenu u kojoj se Isus molio u Getsimaniji u noći prije nego što je On trebao da ponese krst da bi otvorio put spasenja za čovječanstvo. Ovi stihovi nam govore o mnogim aspektima koju vrstu stava i srca bi mi trebali da imamo kada se molimo.

Kako se Isus molio da je On ne samo nosio težak krst već takođe je i prevazišao neprijatelja đavola? Koju vrstu srca je Isus preuzeo kada se On molio da je Bog bio zadovoljan sa Njegovom molitvom i poslao je anđela sa nebesa da Njega ojača?

Na osnovu ovih stihova, dozvolite nam da istražimo pravilan stav u molitvama i vrstu molitve sa kojom je Bog zadovoljan i ja naređujem svakome od vas da ispitate svoj sopstveni život u molitvi.

1) Isus se uobičajeno molio

Bog nam je rekao da se molimo bez prestanka (1. Solunjanima Poslanica 5.17) i obećao nam je da će nam dati šta god da potražimo od Njega (Jevanđelje po Mateju 7:7). Iako je pravilno da se molimo stalno i da tražimo sve vrijeme, većina ljudi se se moli samo kada nešto želi ili kada imaju probleme.

Ipak, Isus izišavši otide po običaju na goru Maslinsku

(Jevanđelje po Luki 22:39). Prorok Danilo nastavio je da kleči na koljenima tri puta dnevno, molio se i davao zahvalnost pred Bogom, kao što je i ranije to činio (Danilo 6:10), a dva učenika Isusova Petar i Jovan odvajali su određeno vrijeme u toku dana da bi se molili (Djela Apostolska 3:1).

Mi moramo da pratimo Isusov primjer i da razvijemo naviku u odvajanju određenog vremena i da se molimo stalno svaki dan. Bog je naročito zadovoljan sa molitvama u zoru sa kojima oni sve čine za Boga na početku svakog dana i vječernjom molitvom sa kojom oni daju zahvalnost za Božju zaštitu tokom dana i na kraju svakoga dana. Kroz ove molitve vi možete da dobijete Njegovu veliku moć.

2) Isus je kleknuo da bi se molio

Kada kleknete, srce sa kojim se vi molite stoji pravo i vi pokazujete poštovanje prema ljudima o kojim govorite. To je samo normalno za svakoga ko se moli Bogu da klekne kada se moli.

Isus Sin Božji molio se sa poniznim stavom kako je On kleknuo da se moli svemogućem Bogu. Kralj Solomon (1. Knjiga Kraljevima 8.54), apostol Pavle (Djela Apostolska 20:36) i đakon Stefan koji je umro kao mučenik (Djela Apostolska 7:60), svi oni su klečali kada su se molili.

Kada mi tražimo uslugu ili neke stvari koje želimo od naših roditelja ili nekoga sa autoritetom, mi postajemo nervozni i preduzimamo sve mjere da ne počinimo neke greške. Kako onda mi treba da se pojavimo sa aljkavim umom i tijelom ako znamo da se obraćamo Bogu Stvoritelju? Kleknuti na zemlju je izraz vašeg srca koje poštuje Boga i vjeruje u Njegovu moć. Mi moramo sebe da sredimo i da ponizno kleknemo dole kada se molimo.

3) Isusova molitva je bila u skladu sa voljom Božjom

Isus se molio Bogu: „Ali ne Moja volja nego Tvoja da bude" (Jevanđelje po Luki 22:42). Isus Sin Božji došao je na zemlju da umre na drvenom krstu čak iako je bio bezgriješan i nevin. Zbog toga se On molio: „Oče, kad bi hteo da proneseš ovu čašu mimo Mene." Ali on je znao volju Božju da će spasiti čovječanstvo kroz jednog pojedinca i molio se ne sa Svoje dobro već u skladu sa Božjom voljom.

1. Korinćanima Poslanica 10:31 nam kaže: „Ako dakle jedete, ako li pijete, ako li šta drugo činite, sve na slavu Božju činite." Ako mi tražimo nešto što nije za slavu Božju već umjesto toga su to radije požudne želje, mi ne činimo odgovarajuće zahteve; mi moramo da se molimo samo u skladu sa Božjom

voljom. Šta više, Bog nam govori da imamo u mislima ono što nalazimo u Jakovljevoj Poslanici 4:2-3: „Želite i nemate; ubijate i zavidite, i ne možete da dobijete. Borite se i vojujete. I nemate, jer ne ištete. Ištete, i ne primate, jer zlo ištete, da u slastima svojim trošite." Tako da, mi moramo da pogledamo unazad i da vidimo da li smo se molili samo za naše sopstveno dobro.

4) Isus se borio u molitvi

U Jevanđelju po Luki 22:44 mi nailazimo na to koliko se iskreno Isus molio. „I budući u borenju, moljaše se bolje; znoj pak Njegov bijaše kao kaplje krvi, koje kapahu na zemlju."

U Getsimaniji gdje se Isus molio u noći vrijeme je bilo veoma hladno tako da je bilo veoma teško da se neko znoji. Sada, možete li da zamislite koliko je Isus napinjao sebe u iskrenosti i sa iskrenim molitvama da je Njegov znoj postao kao kapljice krvi koje su padale na zemlju? Da se Isus molio u tišini, da li je mogao tako iskreno On da se moli da se znoji dok se moli? Kako je Isus dozivao Boga strastveno i iskreno, njegov znoj je postao „kao kaplje krvi, koje kapahu na zemlju."

U Postanku 3:17 Bog govori Adamu: „Što si poslušao ženu i okusio s drveta s kog sam ti zabranio rekavši da ne jedeš s njega, zemlja da je prokleta s tebe, s mukom ćeš se od nje hraniti do svog vijeka." Prije nego što je čovjek bio proklet, on je živio životom u izobilju sa svim što je Bog za njega proizveo. Kada je grijeh ušao zbog njegove nepokornosti prema Bogu, njegova komunikacija sa njegovim Stvoriteljem došla je do kraja i samo kroz bolan znoj on je mogao da sada jede.

Ako ono što je za nas moguće možemo da postignemo samo sa teškim mukama, šta mi treba da uradimo kada tražimo od Boga nešto što ne možemo da učinimo? Molim vas sjetite se da samo kada dozivamo Boga u molitvama, teškim mukama i znojem, mi možemo da dobijemo šta želimo od Boga. Šta više, imajte na umu kako nam je Bog rekao da su teške muke i napor neophodni da uberemo plodove i kako se Isus Sam iskreno mučio i borio u molitvi. Imajte ovo na umu, činite upravo onako kako je Isus činio i molite se na način koji ugađa Bogu.

Mi smo do sada već istražili način kako se Isus koji je dao odgovarajući primer molitve, molio. Ako se Isus, koji je posjedovao svu vlast, molio do mjere da postavi odgovarajući primjer, sa kojom vrstom stava bi mi obična Božja stvorenja trebali da se molimo? Spoljašnji izgled i stav nečije molitve izražava njegovo srce. Prema tome, vrsta srca sa kojom se mi molimo treba da bude jednako važno kao i stav sa kojim se mi molimo.

2. Osnove za pojedine vrste molitva sa kojim je Bog zadovoljan

Sa kojom vrstom srca bi mi trebali da se molimo kako bi udovoljili Bogu i kako bi On odgovorio na naše molitve?

1) Vi morate da se molite svim srcem

Mi smo naučili kroz način na koji se Isus molio da molitva iz nečijeg srca potiče od stava sa kojim se neko moli Bogu. Mi iz stava možemo da kažemo sa kojom vrstom srca se neko moli.

Pogledajte na Jakovljevu molitvu u Postanku 32. Sa rijekom Javok ispred, Jakov se našao u neprilici. Jakov nije mogao da se vrati nazad zato što se dogovorio sa njegovim ujakom Lavanom da neće preći liniju granice nazvanu Galed. On sa druge strane opet nije mogao da pređe Javok, jer je njegov brat Isav čekao sa 400 ljudi da zarobe Jakova. Bilo je to tako očajno vrijeme kada je Jakovljev ponos i ego na koga se on oslanjao, bio potpuno uništen. Jakov je na kraju shvatio da samo kada sve preda Bogu i dotakne Njegovo srce svi njegovi problemi mogu da budu riješeni. Kako se Jakov borio u molitvi do tačke da je polomio kuk, on je na kraju dobio Božji odgovor. Jakov je mogao da dodirne Njegovo srce i da se pomiri sa bratom koji ga je čekao da se dogovore.

Pogledajte malo bolje na 1. Knjigu kraljevima u kojoj je prorok Ilija primio Božji „vatren odgovor" i dao veliku slavu Bogu. Kada je idolopoklonstvo bilo napredno za vrijeme vladavine kralja Ahava, Ilija je samostalno pregovarao sa 450 proroka Vala i porazio ih iznoseći Božje odgovore pred Izraelcima i svedočio o živom Bogu.

Ovo je bilo vrijeme kada je Ahav mislio da je prorok Ilija kriv za tri i po godine suše koja je pogodila Izrael i tražio je proroka. Međutim, kada je Bog naredio Iliji da ode pred Ahava, prorok se brzo povinovao. Kako je prorok stao pred kraljem koji je gledao kako da ga ubije, smelo govorio ono što je Bog govorio kroz njega i sve preokrenuo sa molitvom vjere koja nije sadržala ni malo sumnje, delo pokajanja se manifestovalo za ljude koji su služili idolima kako su se vraćali Bogu. Šta više, Ilija je čučnuo na zemlju i stavio svoju glavu među kolena kada se iskreno molio kako mi doveo Božja djela na zemlju i stavio tačku na sušu koja je mučila zemlju tri i po godine (1. Kraljevima 18:42).

Naš Bog nas podsjeća u Jezekilju 36:36-37: „Ja GOSPOD rekoh, i učiniću." Ovako veli GOSPOD BOG: „Još će me tražiti dom Izrailjev da im učinim, da ih umnožim ljudima kao stado."

Drugim riječima, iako je Bog obećao Iliji jaku kišu nad Izraelom, jaka kiša ne bi mogla da padne bez Ilijine iskrene molitve iz srca. Molitva iz našeg srca može iskreno da pomjeri i zadivi Boga, koji će nam brzo odgovoriti i dozvoliće nam da damo Njemu slavu.

2) Mi moramo da uzvikujemo Boga u molitvi

Bog nam je obećao da će nas On slušati i sresti se sa nama kada Njega dozivamo i kada dođemo i Njemu se molimo i Njega tražimo sa svim našim srcem (Jeremija 29:12-13, Poslovice 8:17). U Jeremiji 33.3 On takođe obećava: „Zovi Me, i odazvaću ti se, i kazaću ti velike i tajne stvari, za koje ne znaš." Razlog zašto nam Bog govori da uzvikujemo u molitvi je taj jer kada uzvikujemo Njemu u molitvi i jakim glasom, mi ćemo moći da se molimo svim srcem. Drugim riječima, kada uzvikujemo u molitvi, mi ćemo biti odvojeni od svjetovnih misli, umora i pospanosti i naše sopstvene misli neće naći mjesto u našem umu.

Ipak, mnoge crkve danas vjeruju i uče svoje zajednice da biti tih unutar svetilišta je „pobožno" i „sveto." Kada neka braća uzvikuju Boga jakim glasom, ostatak zajednice ubrzo misli da je to neprilično i čak i osuđuju takve ljude da su jeretici. Ovo međutim, je nastalo bez poznavanja Božje Riječi i Njegove volje.

Ranije crkve, koje su svjedočile velikim manifestvovanjima

Božje moći i oživljavanju, mogle su da udovolje Bogu u ispunjenosti Svetim Duhom kako su podizali svoje glasove ka Bogu kao jedna duša (Djela Apostolska 4:24). Čak i danas, mi možemo da vidimo kako se događaju brojni znakovi i čuda i kako su iskusili veliki preporod, u crkvama koje dozivaju Boga jakim glasom i prate i žive po volji Božjoj.

„Dozivati Boga" se odnosi na molitvu Bogu sa iskrenom molitvom i povišenim tonom. Kroz takvu molitvu, braća i sestre u Hristu mogu da budu ispunjeni Svetim Duhom i kako su ometajuće sile neprijatelja đavola otjerane, oni mogu da dobiju odgovore na njihove molitve i duhovne darove.

U Bibliji su mnogobrojni zapisi slučajeva u kojima su Isus i praoci vjere uzvikivali Boga i podizali glas i dobili Njegove odgovore.

Hajde da istražimo nekoliko slučajeva u Starom Zavjetu.

U Izlazaku 15:22-25, postoji scena u kojoj su Izraelci nakon što su napustili Egipat mnogo ranije, pešice bezbedno prešli Crveno more koga je Mojsijeva vjera razdvojila. Međutim, zato što je vjera Izraelaca bila mala, oni su se žalili na Mojsija kada nisu mogli da nađu ništa za piće kako su prošli kroz pustinju Sur. Kada je Mojsije „dozivao" Boga, gorka voda Mera pretvorila se u slatku pijaću.

U Brojevima u poglavlju 12 je scjena u kojoj je Mojsijeva sestra Mirijam postala leprozna nakon razgovora sa njim. Kada je Mojsije dozivao Boga, govorivši: „Bože, molim Ti se, iscijeli je!" Bog je iscijelio Mirijam od njene leproze.

U 1. Samuilova 7:9 mi čitamo: „Tada Samuilo uze jedno jagnje odojče, i prinese ga svega GOSPODU na žrtvu paljenicu; i vapi Samuilo ka GOSPODU za Izrailja, i usliši ga GOSPOD."

U 1. Knjiga kraljevima u poglavlju 17 je priča o udovici Sereptu koja je pokazala gostoljubivost Iliji slugi Božom. Kada je njen sin postao bolestan i umro, Ilija je dozvao Boga i rekao: „GOSPODE Bože moj, neka se povrati u dijete duša njegova." Bog je čuo glas Ilije i život u djetetu se vratio i on je oživio (1. Knjiga Kraljevima 17:21-22). Kada je Bog čuo Ilijino uzvikivanje, mi nailazimo da je Bog odgovorio na prorokovu molitvu.

Jona, koga je progutala velika ruba i koji je bio unutar nje zbog svoje nepokornosti prema Bogu, takođe je dobio spasenje kako je uzvikivao Boga u molitvi. U Jona 2:2 mi na ilaizo za šta se molio: „Zavapih u nevolji svojoj ka GOSPODU, i usliši me; iz utrobe grobne povikah, i Ti ču glas moj." Bog je čuo njegov vapaj i spasio ga. Bez obzira kakva situacija u kojoj smo sebe pronašli može da bude loša i uznemirujuća kao kod Jona, Bog će nam dati želje našeg srca, odgovoriće nam i daće nam riješenje za naše probleme kada se pokajemo u našim pogrešnim djelima u Njegovim očima i Njega dozivamo.

Novi Zavjet je takođe ispunjen sa scenama u kojima ljudi dozivaju Boga.

U Jevanđelju po Jovanu 11:43-44 mi nailazimo da je Isus uzvikivao jakim glasom: „Lazare, iziđi napolje," a čovjek koji je umro, izašao je, obmotanih ruku i nogu i njegovo lice je bilo umotano platnom. Gotovo da ne bi bilo razlike za mrtvog Lazara da li bi Isus njemu uzviknuo jakim ili tihim glasom. Ipak, Isus je dozivao Boga jakim glasom. Isus je Lazara, čije je tijelo bilo u grobnici 4 dana, vratio u život sa Njegovom molitvom u skladu sa Božjom voljom i prikazao slavu Božju.

Jevanđelje po Marku 10:46-52 govori nam o iscjeljenju slijepog prosjaka zvanog Vartimej.

I kad izlažaše iz Jerihona, On i učenici Njegovi i narod mnogi, sin Timejev, Vartimej slijepi, seđaše kraj puta i prošaše. I čuvši da je to Isus Nazarećanin stade vikati i govoriti: „Sine Davidov, Isuse! Pomiluj me!" I prećahu mu mnogi da ućuti, a on još više vikaše: „Sine Davidov, Pomiluj me!" I stavši Isus reče da ga zovnu. I zovnuše slijepca govoreći mu: „Ne boj se, ustani! Zove te." A on zbacivši sa sebe haljine svoje, ustade i dođe k

Isusu. I odgovarajući reče mu Isus: „Šta hoćeš da ti učinim?" A slijepi reče Mu: „Ravuni, da progledam!" A Isus reče mu: „Idi, vjera tvoja pomože ti." I odmah progleda, i ode putem za Isusom.

U Djelima Apostolskim 7:59-60, kako je đakon Stefan bio makmenovan do smrti, on je pozvao Gospoda i rekao: „Gospode Isuse! Primi duh moj!" Onda kleče na koljena i povika glasno: „Gospode, ne primi im ovo za grijeh!"

U čitano je u Djelima Apostolskim 4:23-24, 31: „A kad ih otpustiše, dođoše k svojima, i javiše im šta rekoše glavari svještenički i starješine. A oni kad čuše, jednodušno podigoše glas k Bogu. I pošto se oni pomoliše Bogu zatrese se mjesto gdje behu sabrani, i napuniše se svi Duha Svetog, i govorahu riječ Božju sa slobodom."

Kada dozivate Boga, vi možete da postanete iskreni svjedok Isusa Hrista i manifestujete moć Svetog Duha.

Bog nam je rekao da dozivamo Njega čak i kada postimo. Ako mi trošimo mnogo vremena u našem postu u spavanju od umora, mi nećemo dobiti nikakav odgovor od Boga. Bog obećava u Isaiji 58:9: „Tada ćeš prizivati, i GOSPOD će te čuti; vikaćeš, i reći će: „Evo me."" U skladu sa Njegovim obećanjem, ako uzvikujemo dok postimo, milost i moć odozgo će se spustiti nad nama i mi ćemo biti pobjednici i dobićemo Božji odgovor.

Sa „parabolom o istrajnoj udovici, „Isus je retorički postavio pitanje: A kamoli Bog neće odbraniti izbranih svojih koji Ga mole dan i noć, da će ih odbraniti brzo?" i rekao nam je da uzvikujemo u molitvi (Jevanđelje po Luki 18:1-8).

Prema tome, kao što nam je Isus rekao u Jevanđelju po Mateju 5:18: „Jer vam zaista kažem: dokle nebo i zemlja stoji, neće nestati ni najmanje slovce ili jedna titla iz zakona dok se sve ne izvrši," kada se Božja djeca mole, sasvim je prirodno za njih da uzvikuju u molitvi. Ovo je Božja zapovijest. Zato što Njegov zaklon nalaže da mi treba da jedemo plodove naše muke, mi možemo da dobijemo Božje odgovore kada Njega dozivamo.

Neki ljudi će brzo odgovoriti, bazirajući svoje tvrdnje na Jevanđelje po Mateju 6:6-8 i reći će: „Zar moramo da dozivamo Boga kada već On unaprijed zna šta nam je potrebno i prije nego što smo tražili?" ili „Zašto da uzvikujemo kada je rekao Isus da se u tajnosti molim u svojoj sobi sa zatvorenim vratima?" Ipak, nigde u Bibliji nećete naći odlomke koji se odnose na ljudske molitve u tajnosti i ugodnim njihovim sobama.

Pravo značenje Jevanđelja po Mateju 6:6-8 je naredba da se molimo svim svojim srcima. Uđite u unutrašnju sobu i zatvorite vrata za sobom. Da ste bili u sobi koja je privatna i tiha sa zatvorenim vratima, zar nećete biti odvojeni od spoljašnih kontakata? Baš kao što ćemo biti odsječeni od spoljašnjeg pristupa u našim sopstvenim sobama sa zatvorenim vratima, Isus u Jevanđelju po Mateju 6:6-8 nam govori da se odsječemo od sopstvenih misli, svjetovnih misli, briga, strahova i tome slično i molimo se svim svojim srcem.

Šta više, Isus je rekao ovu priču kao lekciju za ljude da znaju da Bog ne sluša molitve Fariseja i svještenika, koji su se tokom Isusovog vremena molili jakim glasom da bi ih drugi hvalili i vidjeli. Mi ne treba da budemo ponosni na količinu naše molitve. Umjesto toga, mi treba da se borimo u našoj molitvi svim svojim srcem Njemu koji traži naša srca i misli, Svemogućem koji zna sve naše potrebe i želje i Onome koji je naš „jedan u svemu."

Teško je moliti se svim svojim srcem u tihoj molitvi. Pokušajte noću da se molite sa meditacijom zatvorenih očiju. Uskoro ćete se naći u borbi protiv umora i svjetovnih misli, umjesto da se molite. Kada u borbi sa snom umor raste, vi ćete zaspati prije nego što postanete svjesni toga.

Umjesto molitve u tišini tihe prostorije: „Tih, pak, dana iziđe na goru da se pomoli Bogu; i provede svu noć na molitvi Božjoj," (Jevanđelje po Luki 6:12), i „A ujutru, vrlo rano ustavši, izađe i ode nasamo, i ondje se moljaše Bogu" (Jevanđelje po Marku

1:35). U svom domu, prorok Danilo je ostavio otvorene prozore prema Jerusalimu i nastavio je da kleči na svojim kolenima tri puta na dan, moleći se i davajući zahvalnost pred njegovim Bogom (Danilo 6:10). Petar se popeo na krov da se moli (Djela Apostolska 10:9) a apostol Pavle je izlazio do kapije uz reku gdje je pretpostavljao da će postojati mjesto za molitvu i molio se na mjestu za molitve dok je boravio u Filipi (Djela Apostolska 16:13; 16). Ovi ljudi označili su posebna mjesta za molitvu zato što su željeli da se mole svim svojim srcem. Vi morate da se molite na način da vaša molitva može da prodre sile neprijatelja đavola vladaoca kraljevstva vazduha i da može da bude uručena preijstolju od gore. Samo onda vi ćete biti ispunjeni Svetim Duhom, vaša će iskušenja biti otjerana i dobićete odgovore na vaše probleme bilo da su veliki ili mali.

3) Vaša molitva mora da ima namjeru

Neki ljudi mogu da sade drveće zbog dobre građe. Drugi mogu da sade drveće zbog plodova. Opet drugi mogu da sade drveće da bi koristili drvo u stvaranju lijepe bašte. Ako neko posadi drvo bez određene svrhe, prije nego što sadnica poraste i stari on će možda zapostaviti svoje drveće zato što će biti možda prezauzet nekim drugim poslovima.

Imati jasan cilj u svakom poduhvatu, taj poduhvat dostiže

brže i bolje rezultate i dostignuća. Bez jasne namjere, napor možda neće biti u stanju da izdrži čak i malu prepreku jer bez ikakvog smjera, postoje samo sumnje i odricanja.

Mi moramo da imamo jasnu namjeru kada se molimo pred Bogom. Nama je obećano da ćemo dobiti od Boga sve što tražimo kada smo uvjereni pred Njim (1. Jovanova Poslanica 3:21-22) i kada je namjera naše molitve jasna, mi ćemo moći da se molimo mnogo iskrenije i sa još većom upornošću. Volja našeg Boga, kada vidi da ne postoji ništa za osudu u našim srcima, obezbediće nam sve što nam je potrebno. Mi uvek moramo da imamo u mislima nameru naših molitva i da možemo da se molimo na način kojim je Bog zadovoljan.

4) Morate da se molite sa vjerom

Zato što mjera vjere varira od osobe do osobe, svaka osoba će dobiti Božji odgovor u skladu sa njegovom vjerom. Kada su ljudi prvo prihvatili Isusa Hrista i otvorili njihova srca, Sveti Duh je počeo da boravi u njima i Bog ih je označio kao Njegovu djecu. Ovo je kada oni posjeduju vjeru koja je veličine slačice.

Kako oni održavaju Gospodnji dan svetim, mole se, bore da održavaju Božje zapovijesti i žive po Njegovoj Riječi, njihova vjera će rasti. Međutim, kada se oni suočavaju sa iskušenjima i patnjom prije nego što stanu čvrsto na kamenu vjere, oni će imati sumnju u Božju moć i postaće obeshrabreni u nekim vremenima. Međutim, jednom kada stanu na kamenu vjere, oni neće pasti u nikakvim okolnostima već će gledati na Boga u vjeri i nastaviće da se mole. Bog vidi takvu vjeru i On će raditi za dobro prema onima koji Njega vole.

Kako oni grade molitvu na molitvu, uz moć odozgo oni će se boriti protiv grijeha i ličiće na našeg Gospoda. Oni će imati jasnu ideju o volji našeg Gospoda i pokoriće joj se. Ovo je vjera koja ugađa Bogu i oni će dobiti sve što su potražili. Kako ljudi stignu do mjere ove vjere, oni će iskusiti obećanje nađeno u Jevanđelju po Marku 16:17-18 koje kaže: „A znaci onima koji vjeruju biće ovi: imenom mojim izgoniće đavole; govoriće novim jezicima; uzimaće zmije u ruke, ako i smrtno šta popiju, neće im nauditi; na bolesnike metaće ruke, i ozdravljaće." Ljudi sa velikom vjerom će dobiti odgovore u skladu sa njihovom vjerom, a ljudi sa malom vjerom će takođe dobiti odgovore u skladu sa njihovom vjerom.

Postoji „sebična vjera" koju sami počinjete da posjedujete i „Bogom data vjera." „Sebična vjera" nije saglasna sa nečijim djelima, ali Bogom data vjera je duhovna vjera koja je uvijek praćena djelima. Biblija nam govori da je vjera dokaz stvari kojima se nadamo (Poslanica Jevrejima 11:1), ali „sebična vjera" ne može da postane sigurnost. Čak iako neko posjeduje vjeru da može da razdvoji Crveno more ili da pomjeri planinu, sa „sebičnom vjerom" on nema sigurnost za Božje odgovore.

Bog nam je dao „živu vjeru" koja je praćena sa djelima kada mi, u skladu sa našom sopstvenom vjerom u Njega, prikazujemo našu vjeru djelima i molimo se. Kada mi Njemu pokažemo vjeru koju već posjedujemo, ta vjera će se ukombinovati sa „živom vjerom" koju nam je On pridodao, što će zauzvrat postati velika vjera sa kojom mi možemo da dobijemo Božje odgovore bez odlaganja. Ponekad ljudi doživljavaju neospornu neizvjesnost Njegovog odgovora. Ovo je vjera koja im je data od Boga i ako ljudi posjeduju ovakvu vjeru, oni su već dobili svoj odgovor.

Prema tome, bez imalo sumnji, mi moramo da stavimo naše povjerenje u obećanje koje nam Isus daje u Jevanđelju po Marku 11:24: „Zato vam kažem, sve što ištete u svojoj molitvi vjerujte da ćete primiti, i biće vam." I mi moramo da se molimo sve dok ne budemo sigurni u Božji odgovor i ne dobijemo šta god smo potražili u molitvi (Jevanđelje po Mateju 21:22).

5) Morate da se molite u ljubavi

Poslanica Jevrejima 11:6 nam govori: „A bez vjere nije moguće ugoditi Bogu; jer onaj koji hoće da dođe k Bogu, valja da vjeruje da ima Bog i da plaća onima koji Ga traže." Ako mi vjerujemo da će našim svim molitvama biti odgovoreno i da su čuvane kao naše nebeske nagrade, mi molitve nećemo smatrati napornim i teškim.

Baš kao što se Isus borio u molitvama da bi dao život čovječanstvu, ako se mi molimo u ljubavi za druge duše, mi takođe možemo iskreno da se molimo. Ako se vi iskreno molite sa ljubavlju prema drugima, to znači da vi sebe možete da stavite u cipele drugih ljudi i vidite njihove probleme kao da su vaši i na taj način ćete se još iskrenije i više moliti.

Na primjer, pretpostavimo da se molite za izgradnju svjetilišta u vašem hramu. Vi morate da se molite sa istim srcem sa kojim bi ste se molili za izgradnju vašeg sopstvenog doma. Baš kao što bi tražili detalje o zemlji, radnicima, materijalima i slično tome za sopstveni dom, vi morate da tražite svaki element i potreban faktor za izgradnju svjetilišta do detalja. Ako se molite za pacijenta, vi morate sebe da stavite u njegove cipele i borite u molitvi svom svojim srcem kao da su njegova bol i patnja vaša lična.

Da bi dostigao Božju volju, Isus je po navici kleknuo dole i borio se u molitvi u Njegovoj ljubavi za Boga i Njegovoj ljubavi za čovječanstvo. Kao rezultat, put spasenja je otvoren i svako ko prihvati Isusa Hrista može mu biti oprošteno od njegovih grijehova i može da uživa u vlasti sa kojom je označen kao dijete Božje.

Na osnovu načina na koji se Isus molio i glavnoj vrsti molitve sa kojom je Bog zadovoljan, mi moramo da istražimo naš stav i srce, molimo se sa stavom i srcem koji ugađa Bogu i od Njega dobijemo sve što potražimo u molitvi.

Poglavlje 4

Da ne biste pali u iskušenje

I došavši k učenicima
nađe ih gdje spavaju,
i reče Petru:
„Zar ne mogoste
jedan čas postražiti sa Mnom?
Stražite i molite se Bogu
da ne padnete u napast;
jer je duh srčan, ali je tijelo slabo.

(Jevanđelje po Mateju 26:40-41)

1. Život sa molitvom Naš duhovni dah

Naš Bog je živ, nadgleda ljudski život, smrt, kletvu i blagoslove i ljubav, pravdu i dobrotu. On ne želi da Njegova djeca padnu u iskušenja ili da se suoče sa patnjama već da vode živote ispunjene sa blagoslovima. Zbog toga je On poslao na zemlju Svetog Duha Branioca koji će htjeti da pomogne Njegovoj djeci da prevaziđu ovaj svijet, otjeraju neprijatelja đavola, vode zdrave i radosne živote i stignu do spasenja.

Bog nam je obećao u Jeremiji 29:11-12: „Jer Ja znam misli koje mislim za vas, govori Gospod, misli dobre a ne zle, da vam dam posledak kakav čekate. Tada ćete Me prizivati i ići ćete i molićete Mi se i uslišiću vas."

Ako želimo da živimo ovaj život u miru i nadi, mi moramo da se molimo. Ako se mi stalno molimo za vrijeme našeg života u Hristu, mi nećemo biti iskušavani, naše duše će napredovati, ono što izgleda „nemoguće" biće „moguće," svaka stvar u životu će nam ići dobro i uživaćemo u dobrom zdravlju. Ipak, ako se Božja djeca ne mole, zbog toga će neprijatelj đavo da se šunja okolo kao lav koji riče i tražiće nekoga da pojede, mi ćemo se suočiti sa iskušenjima i susrešćemo se sa katastrofom.

Baš kao što život ističe ako ne dišemo svaki dan, važnost molitve u životima Božje djece ne može se dovoljno naglasiti.

Zbog toga nam Bog zapovijeda da se molimo bez prestanka (1. Poslanica Solunjanima 5:17), podsjeća nas da je grijeh ne moliti se (1. Samuilova Poslanica 12.23) i uči nas da se molimo kako ne bi pali u iskušenja (Jevanđelje po Mateju 26:41).

Novi vjernici koji su nedavno prihvatili Isusa Hrista po prvi put nailaze da je molitva teška zato što ne znaju kako da se mole. Naš mrtvi duh je ponovo rođen kada mi prihvatimo Isusa Hrista i primimo Svetog Duha. Duhovni uslov sada je kao kod bebe; teško je moliti se.

Međutim, ako oni ne odustaju već nastavljaju da se mole praveći hljeb od Božje Riječi, njihov duh će postati ojačan i njihova molitva će postati mnogo ubjedljivija. Baš kao što ljudi ne mogu da žive bez disanja, oni će početi da shvataju da ne mogu da žive bez molitve.

U mom detinjstvu, postojala su djeca koja su se međusobno takmičila u tome ko će najduže zadržati svoj dah. Dvoje djece bi u istom trenutku stalo jedno ispred drugog i duboko bi udahnuli. Kada drugo dijete kaže: „Priprema~" dvoje djece bi udahnulo dah koliko god da su najviše mogli. Kada „sudija" vikne „Sad!" sa odlučnim izrazima lica, dvoje djece bi počelo da zadržava svoj dah.

Najprije, zadržavanje daha nije mnogo teško. Kako vrijeme polako prolazi, djeca osjećaju da se guše kako njihovo lice počinje da crveni. Na kraju, oni više ne mogu da zadrže svoj dah više i prisiljeni su da izdahnu. Niko ne može da živi ako se njegovo disanje zaustavi.

Isto je i sa molitvom. Kada duhovna osoba prestane da se moli, on najprije ne primjećuje veliku razliku. Kako vrijeme prolazi međutim, njegovo srce počinje da se osjeća obeshrabreno i mučeno. Ako bi mogli mi da vidimo njegov duh sa očima, taj duh bi bio mnogo bliži gušenju. Ako on razumije da je sve ovo zato što je prestao da se moli i nastavi sa molitvom, on može opet da vodi normalan život u Hristu. Ipak, ako on nastavi da čini grijehove i prestane da se moli, njegovo srce će se osjećati još više očajno i uznemireno i on će trpeti da mnoge stvari u njegovom životu idu naopako.

„Uzeti odmor" od molitve nije volja Božja. Baš kao što se zgražavamo sve dok se naše disanje ne vrati u normalu, da bi se vratili u normalan molitveni život iz prošlosti mnogo je teško i potrebno je mnogo više vremena. Što je duža „pauza" bila, više vremena je potrebno da bi povratili vaš molitveni život.

Ljudi koji shvataju da je molitva dah njihovog duha ne nalaze da je molitva mučna. Ako su se iz navike molili na način kao što udišu i izdišu iz navike, umjesto da nalaze da je molitva naporna i teška oni postaju mirniji, mnogo ispunjeniji nadom i mnogo radosniji u životu nego dok se nisu molili. Ovo je zato što su dobili Božje odgovore i što su dali Bogu slavi isto koliko su se i molili.

2. Razlozi iskušenja dolaze preko ljudi koji se ne mole

Isus nam je dao primjer molitve i rekao je Njegovim učenicima da paze i da se mole kako ne bi pali u iskušenje (Jevanđelje po Mateju 26:41). Sa druge strane, ovo znači da ako se ne molimo stalno, mi možemo da padnemo u iskušenje. Zašto onda iskušenje dolazi preko ljudi koji se ne mole?

Bog je stvorio prvog čovjeka Adama, napravio ga živim bićem i dozvolio mu je da komunicira sa Bogom koji je Duh. Nakon što je Adam jeo sa drveta spoznaje dobra i zla i nije se pokorio Bogu, Adamov duh je umro, njegova komunikacija sa Bogom je prestala i on je bio istjeran iz Edemskog vrta. Kako je neprijatelj đavo, vladaoc kraljevstva vazduha, preuzeo kontrolu nad čovjekom koji više nije mogao da komunicira sa Bogom koji je Duh, čovjek je postepeno postajao sve više natopljen grijehom.

Zato što je plata za grijeh smrt (Poslanica Rimljanima 6.23), Bog je predstavio Njegovo proviđenje spasenja kroz Isusa Hrista za cijelo čovječanstvo koje je bilo osuđeno na smrt. Bog označava kao Svoje dijete svakoga ko prihvati Isusa Hrista kao svog Spasitelja, priznaje da je griješnik, pokaje se i kao znak osiguranja Bog mu daje Svetog Duha.

Sveti Duh Branilac koga je Bog poslao osuđuje svet krivice u odnosu na grijeh i pravednost i osudu (Jevanđelje po Jovanu 16:8), posreduje za nas kroz jecaje koje Riječi ne mogu da opišu (Poslanica Rimljanima 8:26) i omogućuje nam da prevaziđemo svijet.

Da bi bili ispunjeni Svetim Duhom i da bi dobili Njegovo vođstvo, molitva je apsolutno neophodna. Samo kada se molimo Sveti Duh će nam se obratiti, pomjeriće naša srca i misli, upozoriće nas na predstojeća iskušenja, reći će nam na koji način da izbegnemo takva iskušenja i pomoći će nam da prevaziđemo iskušenja čak iako stanu na naš put.

Međutim, bez molitve ne postoji način da razlikujemo volju Božju od volje čovjeka. U potrazi za svjetskim željama, ljudi bez rutinskog molitvenog života će živjeti u skladu sa svojim starim navikama i tragaće za nečim što je ispravno u skladu sa svojom samopravednošću. Prema tome, iskušenja i patnje su nanešene kako se oni suočavaju sa svim vrstama poteškoća.

U Jakovljevoj Poslanici 1:13-15 čitamo: „Nijedan kad se kuša da ne govori: 'Bog me kuša'; jer se Bog ne može zlom iskušati i On ne kuša nikoga. Nego svakog kuša njegova slast, koja ga vuče i mami. Tada zatrudnevši slast rađa grijeh; a grijeh učinjen rađa smrt."

Drugim riječima, iskušenja dolaze preko ljudi koji se ne mole jer oni nisu uspjeli da razlikuju volju Boga od volje čovjeka, postali su omamljeni svjetovnim željama i pate od nevolja zato što nisu mogli da prevaziđu iskušenja. Bog želi da sva Njegova djeca nauče da budu zadovoljna bez obzira kakve da su okolnosti, da spoznaju šta je potreba a šta znači imati dosta i da nauče tajnu da budu zadovoljni u svakoj i svakakvoj situaciji, bilo da su siti ili gladni, bili da žive u izobilju ili nemaštini (Poslanica Filipljanima 4:11-12).

Međutim, zato što svjetovne stvari začinju i rađaju grijeh a plata za grijeh je smrt, Bog ne može da zaštiti ljude koji nastavljaju da griješe. Ma koliko da su ljudi griješili, neprijatelj đavo im donosi vrijeme iskušenja i patnje. Neki ljudi koji su pali u iskušenja razočarali su Boga tvrdeći da ih je On bacio u iskušenja i gurnuo ih u patnju. Međutim, to su djela koja se odnose na kivnost prema Bogu i takvi pojedinci ne mogu da prevaziđu iskušenja i ne ostavljaju nikakav prostor Bogu da učini dobro za njih.

Prema tome, Bog nam zapovjeda da uništimo spletke i svaku

uzvišenu stvar koja je izrasla protiv Božjeg znanja i da svaku zarobljenu misao predamo u pokornost prema Hristu (2. Korinćanima Poslanica 10:5). I On nas podsjeća u Poslanici Rimljanima 8:6-7: „Jer misao usredsređena na meso smrt je, a duhovno mudrovanje život je i mir, jer tjelesno mudrovanje neprijateljstvo je Bogu; jer se ne pokorava zakonu Božjem niti može, a koji su u mesu ne mogu Bogu ugoditi."

Većina informacija koje smo naučili i sačuvali kao one „ispravne" u mislima prije nego što smo sreli Boga u stvari su pogriješne u svjetlosti istine. Tako da, mi u cjelosti možemo da pratimo volju Božju kada uništimo sve teorije i tjelesne misli. Šta više, ako želimo da uništimo argumente i sve tvrdnje i pokorimo se istini, mi moramo da se molimo.

Ponekad, Bog ljubavi ispravlja Njegovu voljenu djecu kako oni ne bi išli na put uništenja i dozvoljava im iskušenja da bi oni mogli da se pokaju i okrenu od svojih puteva. Kada ljudi ispitaju sebe i pokaju se u svemu što je u njima i što je neprikladno pred Bogom, nastave da se mole, gledaju na Onog koji u svim stvarima čini za dobro onih koji Njega vole i uvijek se raduju, Bog će videti njihovu vjeru i svakako će im odgovoriti.

3. Jer je duh srčan ali je tijelo slabo

U noći prije nego što je On preuzeo krst, Isus je otišao sa Njegovim učenicima na mjesto nazvano Getsimanija i borio se u molitvi. Kada je On naišao na Njegove učenike da spavaju, Isus se požalio i rekao: „Stražite i molite se Bogu da ne padnete u napast; jer je duh srčan, ali je meso slabo" (Jevanđelje po Mateju 26:41).

U Bibliji su takvi izrazi kao „meso," „stvari mesa" i „dela mesa." Sa jedne strane „meso" je suprotno „duhu" i generalno se odnosi na sve što je podmitljivo i menja se. To se odnosi na svako stvorenje, uključujući i čovjeka prije nego što je bio transformisan istinom, biljke, sve životinje i slično tome. Sa druge strane, „duh" se odnosi na sve stvari koje su vječne, iskrene i nepromjenljive.

Zbog Adamove nepokornosti, svi ljudi i žene su rođeni sa nasleđenom grešnom prirodom i to je pravi grijeh. „Samo počinjeni grijeh" su neiskrena djela počinjena podsticajem neprijatelja đavola. Čovjek postaje „meso" kada neistina premazuje njegovo tijelo i tijelo je u kombinaciji sa grešnom prirodom. To je ono što Poslanica Rimljanima 9:8 spominje „djeca mesa." Stih govori: „To jest, nisu ono djeca Božija što su po tjelu djeca, nego djeca obećanja primaju se za sjeme." I

Poslanica Rimljanima 13:14 nas upozorava: „Nego se obucite u Gospoda Isusa Hrista; i tjelu ne ugađajte po željama."

Šta više, „stvari mesa" su asortiman takvih različitih grešnih atributa kao što su obmana, ljutnja, ljubomora i mržnja (Poslanica Rimljanima 8:5-8). Oni još uvijek nisu postupili fizički ali mogu biti izazvani u djelima. Kada se ove želje stave u pokretu, one se odnose na nas kao „djela mesa" (Poslanica Galaćanima 5:19-21).

Na šta je Isus mislio sa „tijelo je slabo?" Da li je on mislio na fizičko stanje ili Njegove učenike? Kao bivši ribar, Petar, Jakov i Jovan su bili ljudi na vrhuncu i robusnog dobrog zdravlja. Za ljude koji su provodili mnoge noći pecajući, ostati budan nekoliko sati noću ne bi trebalo da predstavlja neki problem. Međutim, čak i nakon što im je Isus rekao da ostanu tamo i stražare sa Njim, trojica učenika nisu mogli da se mole već su na kraju zaspali. Oni su možda otišli u Getsimaniju da se mole sa Isusom, ali ova želja je bila samo i njihovim srcima. Umjesto toga, kada ima je Isus rekao da je njihovo tijelo „slabo," On je mislio na trojicu od njih koji nisu bili u stanju da spriječe požudu mesa koja ih je mamila da se uspavaju i odmore.

Petar koji je bio jedan od voljenih učenika Isusovih nije mogao da se moli zato što je njegovo tijelo bilo slabo iako je duh bio srčan i kada je Isus bio zarobljen i njegov život ugrožen, tri puta je poricao iako je znao Isusa. To se dogodilo prije Isusovog vaskrsenja i uzdizanja u nebesa i Petar je bio uhvaćen u dubokom strahu a da nije primio Svetog Duha. Međutim nakon što je Petar primio Svetog Duha, on je vraćao mrtve u život, manifestvovao je čudesne znakove i čuda i postao je dovoljno hrabar da bude razapet naopačke. Znakovi Petrove slabosti nigde nisu mogli da budu pronađeni jer je bio transformisan u hrabrog apostola Božje moći koji se nije plašio smrti. Ovo je bilo zbog toga zato što je Isus prolio Njegovu dragocijenu, neukaljanu i nevinu krv i iskupio nas od naše slabosti, siromaštva i slabosti. Ako mi živimo sa vjerom, u pokornosti prema Božjoj Riječi, mi ćemo uživati u dobrom zdravlju u oboma i tijelu i duhu i moći ćemo da učinimo ono što je nemoguće za čovjeka i sve će biti moguće za nas.

S vremena na vrijeme, neki ljudi koji su počinili grijehove međutim, umjesto pokajanja u njihovim grijehovima, brzo govore „tijelo je slabo" i misle da je to prirodno za grijeh. Takvi ljudi izgovaraju takve riječi zato što nisu svjesni istine. Pretpostavimo da otac da sinu 1000$. Koliko će to biti smiješno ako sin stavi novac u džep i kaže svom ocu: „ja nemam novca; čak ni cent?" Koliko frustrirajuće će to biti za oca ako njegov sin – sa ipak 1000$ u svom džepu – gladuje a da ne kupuje nikakvu hranu? Prema tome, za one koji su primili Svetog Duha, „tijelo je slabo" je oksimoron.

Ja sam vidio mnoge ljude koji su nekada uveče išli na spavanje u 10 časova, sada oni posjećuju „cijelovječernju službu petkom" nakon molitve i dobijaju pomoć Svetog Duha. Oni se ne umaraju niti su pospani i daju svaki petak Bogu u ispunjenosti Svetim Duhom. Ovo je zato što, u ispunjenosti Svetim Duhom, ljudske duhovne oči postaju jasnije, njihova srca su preplavljena radošću, oni ne osjećaju umor a njihova tijela osjećaju da su lakša.

Kako mi živimo u eri Svetog Duha, mi nikada ne smijemo a da se ne molimo niti da činimo grijehove zato što je „naše tijelo slabo." Umjesto toga, dok smo oprezni i stalno se molimo, mi moramo da dobijemo vođstvo Svetog Duha i odbacimo sve stvari i djela mesa i slično tome i revnosno vodimo naše živote u Hristu dok uvijek živimo u skladu sa voljom Božjom za nas.

4. Blagoslov za ljude koji sebe čuvaju i mole se

1. Petrova Poslanica 5:8 nam govori: „Budite treznog duha i budite na oprezu. Jer suparnik vaš, đavo, kao lav ričući hodi i traži koga da proždere. Branite se od njega tvrđom u vjeri, znajući da se takva stradanja događaju vašoj braći po svijetu." Neprijatelj Sotona i đavo, vladaoc kraljevstva vazduha, nastoje da privuku vjernike u Boga da idu pogriješnim putem i spriječe

Njegov narod u posjedovanju vjere u svakoj prilici koja im se ukaže.

Ako neko želi da iščupa drvo prvo će pokušati da ga protrese. Ako je stablo veliko i debelo i drvo ima duboko korenje u zemlji, on će odustati i pokušaće neko drugo drvo da trese. Kada bude izgledalo da drugo drvo može da se iščupa mnogo lakše nego prvo, on će postati mnogo odlučniji i trešće drvo čak i jače. Na isti način, neprijatelj đavo koji pokušava da nas namami biće otjeran ako mi stojimo čvrsto. Ako smo prodrmani makar malo, neprijatelj đavo će nastaviti da nam donosi iskušenja da bi nas oborio.

Kako bi razaznali i uništili šeme neprijatelja đavola i hodali u svetlosti živeći u skladu sa Božjom Riječju, mi moramo da se borimo u molitvi i dobijemo Bogom datu snagu i moć od gore. Isus jedan i jedini Sin Božji mogao je sve da ispuni u skladu sa voljom Božjoj zbog moći molitve. Prije nego što je On počeo sa javnim službovanjem, Isus je Sebe pripremio postom od četrdeset dana i četrdeset noći i kroz Njegovo službovanje u trajanju od tri godine on je manifestovao mnoga nevjerovatna djela Božje moći moleći se po navici i stalno. Na kraju Njegove službe, Isus je mogao da uništi vlast smrti i prevaziđe ga kroz vaskrsenje zato što se On borio u molitvi u Getsimaniji. Zbog toga nam naš Gospod naređuje da: „Da vam se ne dosadi molitva; i stražite u njoj sa zahvaljivanjem" (Ološanima 4:2), i „A svemu se kraj približi. Budite dakle mudri i trezni u molitvama" (1. Petrova Poslanica 4:7). On nas je takođe naučio da se molimo: „I ne navedi nas u napast; no izbavi nas oda zla" (Jevanđelje po Mateju 6:13). Spriječavanje sebe od upada u iskušenja je veoma važno. Ako vi padnete u iskušenje, to znači da ga niste prevazišli, da ste se umorili i da se vaša vjera umanjila – ništa sa čime je Bog zadovoljan.

Kada smo mi oprezni i molimo se, Sveti Duh nas uči da idemo pravim putem i borimo se protiv toga i odbacujemo naše grijehove. Šta više, koliko god da naša duša napreduje, naše srce će ličiti na našeg Gospoda, mi ćemo biti dobro u svakoj stvari u životu i mi ćemo dobiti blagoslove dobrog zdravlja.

Molitva je ključ da sve u našem životu ide dobro i dobijanje blagoslova dobrog zdravlja u tijelu i duhu. Nama je obećano u 1. Jovanovoj Poslanici 5:18: „Znamo da nijedan koji je rođen od Boga, ne griješi, nego koji je rođen od Boga čuva se, i nečastivi ne dohvata se do njega." Zbog toga kada smo mi oprezni i hodamo u svjetlosti, mi ćemo biti bezbedni od neprijatelja đavola i čak iako padnemo u iskušenje, Bog će nam pokazati put kako da ga izbjegnemo i u svim stvarima radiće za dobrobit onih koji Njega vole.

Zato što nam je Bog rekao da se stalno molimo, mi moramo da postanemo Njegova blagoslovena djeca koji vode svoje živote u Hristu i koja su oprezna, da istjeramo neprijatelja đavola i da dobijemo sve sa čime Bog namjerava da nas blagoslovi.

U 1. Solunjanima Poslanici 5:23 mi nailazimo: „A sam Bog mira da posveti vas cijele u svačemu; i cio vaš duh i duša i tijelo da se sačuva bez krivice za dolazak Gospoda našeg Isusa Hrista."

Da svako od vas dobije pomoć Svetog Duha dok pazi na sebe i po navici se moli, da počne da posjeduje nevino i neukaljano srce kao dijete Božje odbacujući svu grešnu prirodu koja je u njemu i obreže svoje srce Svetim Duhom, uživa u vlasti kao Njegovo dijete u kojem duša napreduje, da sve u vašem životu bude uspješno i da dobijete blagoslov dobrog zdravlja i date slavu Bogu u svemu što činite, u ime Gospoda Isusa Hrista ja se molim!

Poglavlje 5

Djelotvorna molitva pravednog čovjeka

Neprestana molitva pravjednog
mnogo može pomoći.
Ilija bijaše čovjek smrtan kao i mi,
i pomoli se Bogu da ne bude dažda,
i ne udari dažd na zemlju za tri godine i šest mjeseci.
I opet se pomoli
i nebo dade dažd, i zemlja iznese rod svoj.

(Jakovljeva Poslanica 5:16-18)

1. Molitva vjere koja iscjeljuje bolesne

Kada pogledamo unazad na naše živote, postojala su vremena kada smo se molili u sredini patnje i vremena kada smo slavili i radovali se nakon što smo dobili Božje odgovore. Postojala su vremena kada smo se molili sa drugima za iscjeljenje naših voljenih i vremena kada smo davali slavu Bogu nakon ostvarivanja sa molitvom što je bilo nemoguće za čovjeka.

Pronađene u Poslanici Jevrejima u poglavlju 11 su mnoge reference koje se odnose na vjeru. Mi smo podsjećani u stihu 1 da: „Vjera je, pak, tvrdo čekanje onog čemu se nadamo, i dokazivanje onog što ne vidimo" dok „A bez vjere nije moguće ugoditi Bogu; jer onaj koji hoće da dođe k Bogu, valja da vjeruje da ima Bog i da plaća onima koji Ga traže" (stih 6).

Vjera je široko podjeljena na „tjelesnu vjeru" i „duhovnu vjeru." Sa jedne strane, sa tjelesnom vjerom mi možemo da vjerujemo u Božju Riječ samo kada je Riječ u skladu sa našim mislima. Ova tjelesna vjera ne donosi nikakve promjene u našem životu. Sa druge strane, sa duhovnom vjerom, mi možemo da vjerujemo u moć živog Boga i Njegovu Riječ iako se ona ne slaže sa našim mislima i teorijom. Kako mi vjerujemo u djela Božja koji stvara stvari od ničega, mi osjećamo pravu promjenu u našim životima kao i Njegove čudesne znakove i čuda i počinjemo da vjerujemo u sve što je zaista moguće za one koji vjeruju.

Zbog toga nam je Isus rekao: „A znaci onima koji vjeruju biće ovi: imenom mojim izgoniće đavole; govoriće novim jezicima; uzimaće zmije u ruke, ako i smrtno šta popiju, neće im nauditi; na bolesnike metaće ruke, i ozdravljaće" (Jevanđelje po Marku 16:17-18), „Sve je moguće onome koji vjeruje" (Jevanđelje po Marku 9:23) i da „Zato vam kažem, sve što ištete u svojoj molitvi vjerujte da ćete primiti; i biće vam" (Jevanđelje po Marku 11:24).

Kako mi možemo da posjedujemo duhovnu vjeru i iz prve ruke imamo iskustvo sa Božjom velikom moći? Iznad svega drugoga, mi moramo da se sjetimo šta je apostol Pavle rekao u 2. Korinćanima Poslanica 10:5: „I svaku visinu koja se podiže na poznanje Božje, i robimo svaki razum za pokornost Hristu." Mi više ne smijemo da smatramo tačnim znanje koje smo sakupili do ovog momenta. Umjesto toga, mi treba da uništimo svaku misao i teoriju koja se sukobi sa Božjom Riječju, da načinimo sebe pokornim prema Njegovoj Riječi istine i živimo po njoj. Koliko god da uništavamo tjelesne misli i izbacujemo neistinu iz nas, naša duša će napredovati i mi ćemo posjedovati vjeru sa kojom možemo da vjerujemo.

Duhovna vjera je mjera vjere koju je Bog dao svakom od nas (Poslanica Rimljanima 12:3). Nakon što je propovjedano najprije jevanđelje i poslije prihvatanja Isusa Hrista, naša vjera je kao malo sjeme slačice. Kako mi nastavimo da revnosno posjećujemo službe preporoda, čujemo Riječ Božju i živimo po njoj, mi ćemo tako postati pravedniji. Šta više, naša vjera će izrasti u veliku vjeru, znakovi koji su pratili one koji su vjerovali će svakako pratiti i nas.

U molitvi za iscjeljenje bolesnih, čvrstina u takvoj molitvi mora biti duhovna vjera onih koji se mole. Centurion – čiji je sluga postao paralizovan i u velikoj patnju – predstavljen u Jevanđelju po Mateju u poglavlju 8, imao je vjeru sa kojom je vjerovao da će njegov sluga biti iscjeljen ako Isus samo kaže riječ i sluga je bio iscjeljen u baš tom času (Jevanđelje po Mateju 8:5-13).

Šta više, kada se mi molimo za bolesne, mi moramo da budemo smjeli u našoj vjeri i da ne sumnjamo, kao što nam Božja riječ govori: „Ali neka ište s vjerom, ne sumnjajući ništa; jer koji se sumnja on je kao morski valovi, koje vjetrovi podižu i razmeću. Jer takav čovjek neka ne misli da će primiti šta od Boga" (Jakovljeva Poslanica 1:6-7).

Bog je zadovoljan sa jakom i stabilnom vjerom koja se ne njiše naprijed i nazad i kada se mi ujedinimo u ljubavi i molimo se za bolesne sa vjerom, Bog će činiti čak i još više. Zato što je bolest razultat grijeha i Bog je GOSPOD naš Iscjelitelj (Izlazak 15:26), kada mi priznamo naše grijehove jedni drugima i molimo se jedni za druge, Bog će nam dati oproštaje i iscjeljenje.

Kada se vi molite sa duhovnom vjerom i u duhovnoj ljubavi, vi ćete iskusiti Božje veliko djelo, svedočićete o ljubavi našeg Gospoda i poštovaćete Njega.

2. Moćnija i efektivnija je molitva pravednog čovjeka

U skladu sa Mirijam Vebster onlajn riječnikom (The Merriam-Webster Online Dictionary) pravedan čovjek je neko ko „čini u skladu sa božanskim ili moralnim zakonom; oslobođen od krivice ili grijeha." Ipak, Poslanica Rimljanima 3:10 nam govori: „Ni jednog nema pravednog." I Bog je rekao: „Jer pred Bogom nisu pravedni oni koji slušaju zakon, nego će se oni opravdati koji ga tvore" (Poslanica Rimljanima 2:13) i „Jer se djelima zakona ni jedno tijelo neće opravdati pred Njim; jer kroz zakon dolazi poznanje grijeha" (Poslanica Rimljanima 3:20).

Grijeh je ušao u svijet kroz nepokornost prvog stvorenog čovjeka Adama i mnogobrojni ljudi su stigli do osude kroz grijeh jednog čovjeka (Poslanica Rimljanima 5:12-18). Za čovječanstvo koje je na kratko vreme bilo uz Njegovu slavu, udaljilo se od Zakona, pravednost Božja je bila manifestovana i čak i pravednost Boga dolazi kroz vjeru u Isusa Hrista za sve one koji vjeruju (Poslanica Rimljanima 3:21-23).

Da bi ova svjetska „pravednost" varirala u skladu sa

vrijednostima svake generacije, to ne može biti pravi standard pravednosti. Međutim, zato što se Bog nikada ne mijenja, Njegova pravednost može biti standard za pravu pravednost.

Prema tome, čitamo u Poslanici Rimljanima 3:28: „mislimo dakle da će se čovjek opravdati vjerom bez djela zakona." Ipak, mi ne poništavamo zakon sa našom vjerom već ga uspostavljamo (Poslanica Rimljanima 3:31).

Ako mi postanemo opravdani vjerom, mi moramo da beremo plodove koji stižu iz svjetosti tako što smo oslobođeni od grijeha i što smo postali robovi Bogu. Mi moramo da se borimo da postanem zaista pravedni odbacujući svu neistinu koja se sukobi sa Božjom Riječju i živimo po Njegovoj Riječi koja je sama istina.

Bog proglašava ljude „pravednim" čija je vjera praćena djelima i koji se bore da žive po Njegovoj Riječi dan za danom i manifestuje Njegova djela u odgovoru na njihove molitve. Kako može Bog nekome da odgovori ko posjećuje crkvu ali koji je izgradio zid gijreha između sebe i Boga kroz nepokornost prema svojim roditeljima, kroz nesuglasice sa svojom braćom i sa pogriješnim djelima?

Bog čini molitvu pravednog čovjeka – on koji se povinovao i živi po Božjoj Riječi i nosi sa sobom dokaz njegove ljubavi prema Bogu – moćniju i efikasniju dajući mu snagu molitve.

U Jevanđelju po Luki 18:1-8 je Parabola o upornoj udovici. Ono opisuje udovicu i slučaj koji je iznela pred sudijom koji se nije plašio Boga i nije poštovao ni čovjeka. Čak iako se sudija nije ni plašio Boga niti je mnogo mario za ljude, on je na kraju ipak pomogao udovici. Sudija je sebi rekao: „Ako se i ne bojim Boga i ljudi ne sramim, no budući da mi dosađuje ova udovica, odbraniću je, da mi jednako ne dolazi i ne dosađuje" (stihovi 4-5).

Na kraju ove parabole Isus je rekao: „Čujte šta govori nepravedni sudija; a kamoli Bog neće odbraniti izbranih Svojih koji Ga mole dan i noć? I hoće li odložiti On dugo nad njima? Kažem vam da će ih odbraniti brzo" (Jevanđelje po Luki 18:7-8).

Kada međutim unaokolo pogledamo, postoje ljudi koji dokazuju da su Božja djeca, mole se danju i noću i često poste, ali ipak ne dobijaju odgovore od Njega. Takvi pojedinci moraju da razumiju da još nisu postali pravedni u Božjim očima.

Poslanica Filipljanima 4:4-6 nam govori: „Ne brinite se nizašta nego u svemu molitvom i moljenjem sa zahvaljivanjem da se javljaju Bogu iskanja vaša. I mir Božji, koji prevazilazi svaki um, da sačuva srca vaša i misli vaše u Gospodu Isusu." U zavisnosti koliko je neko postao „pravedan" prema Bogu i moli se sa vjerom i u ljubavi, stepen u kome će dobijati Božje odgovore će varirati. Nakon što je stekao kvalifikacije kao pravedan čovjek i moli se, on može da dobije Božje odgovore brzo i da Njemu da slavu. Prema tome, od velike važnosti je da ljudi pokidaju zid grijeha koji stoji na putu Božjem, da posjeduju kvalifikacije da mogu da budu proglašeni „pravednim" prema Bogu i iskreno se mole sa vjerom i u ljubavi.

3. Dar i molitva

„Darovi" su Njegovi pokloni koje Bog slobodno daje i odnose se na posebno djelo Božje u Njegovoj ljubavi. Što se više neko moli, više će imati želju i tražiće Božji dar. S vremena na vrijeme, on će možda tražiti od Boga dar u skladu sa njegovim željama koje ga mame. To će njemu doneti uništenje i zato što ovo nije ispravno prema Bogu, pojedinac mora sebe da čuva od ovoga.

U Djelima Apostolskim postoji čarobnjak Simon koji je, nakon što je slušao Filipa da propovijeda jevanđelje, svuda pratio Filipa i bio je zapanjen velikim znakovima i čudima koje je vidio (stihovi 9-13). Kada je Simon vidio da je Sveti Duh dat u ruke Petra i Jovana, on je ponudio apostolima novac i pitao ih: „Dajte i meni ovu vlast da kad metnem ruke na koga primi Duha Svetog" (stihovi 17-19). U odgovoru, Petar je prekorio Simona: „Novci tvoji s tobom da budu u pogibao, što si pomislio da se dar Božji može dobiti za novce! Nema tebi djela ni iseta u ovoj riječi; jer srce tvoje nije pravo pred Bogom. Pokaj se dakle od ove svoje pakosti, i moli se Bogu da bi ti se oprostila pomisao srca tvog. Jer te vidim da si u gorkoj žuči i u svezi nepravde" (stihovi 20-23).

Zato što se darovi daju onima koji pokazuju živog Boga i koji spašavaju čovječanstvo, one moraju da budu manifestovani pod nadzorom Svetog Duha. Prema tome, prije nego što tražimo od Boga darove, mi najprije treba da se borimo da postanemo pravedni u Njegovim očima.

Nakon što je naša duša napredovala a mi smo se oblikovali u instrument koji Bog može da koristi, On nam dozvoljava da tražimo darove u inspiraciji sa Svetim Duhom i daje nam darove koje smo tražili.

Mi znamo da je svako od naših praočeva bio korišćen od strane Boga u razne svrhe. Neki su uveliko manifestovali Božju moć, drugi su samo prorokovali bez manifestovanja Bože moći dok su opet drugi samo učili ljude. Što su više posjedovali potpunu vjeru i ljubav, Bog im je davao veću moć i dozvoljavao im je da manifestuju veliku moć.

Kada je živio kao princ Egipta, Mojsijeva narav je bila toliko žestoka i brza da je on ubio u jednom trenutku Egipćanina koji se loše ophodio prema njegovim drugovima Izraelcima (Izlazak 2:12). Nakon mnogo iskušenja međutim, Mojsije je postao mnogo ponizan čovjek, mnogo ponizniji od bilo koga na zemlji i onda je dobio veliku moć. On je izveo Izraelce iz Egipta manifestujući različite znakove i čuda (Brojevi 12:3).

Mi takođe znamo za molitvu proroka Ilije kao što je zapisana u Jakovljevoj Poslanici 5:17-18: „Ilija bijaše čovjek smrtan kao i mi, i pomoli se Bogu da ne bude dažda, i ne udari dažd na zemlju za tri godine i šest mjeseci. I opet se pomoli i nebo dade dažd, i zemlja iznese rod svoj."

Kako smo već vidjeli ono što nam Biblija govori, molitva pravednog čovjeka je moćna i efikasna. Snaga i moć pravednog čovjeka je otmena. Dok je ovo vrsta molitve sa kojom ljudi ne mogu da dobiju Božje odgovore čak i posle molitve u trajanju od više sati, postoji takođe molitva sa jakom snagom koja donosi Njegove odgovore isto kao i manifestovanje Njegove moći. Bog je očaran kada prihvata molitvu vjere, ljubavi i žrtve i dozvoljava ljudima da Njemu daju slavu kroz različite darove koje On daje ljudima.

Međutim, mi nismo pravedni od samog početka; samo kada prihvatimo Isusa Hrista mi možemo da postanemo pravedni u vjeri. Mi postajemo pravedni onoliko koliko smo svjesni grijeha dok slušamo Njegovu Riječ, odbacujemo neistinu i dok naša duša napreduje. Šta više, da bi se mi okrenuli u mnogo pravednijeg čovjeka koliko god da živimo u svjetlosti i pravednosti, svaki dan u našim životima mora da se promjeni sa Bogom kako bi mi takođe priznali kao na način na koji je Apostol Pavle to učinio: „Ja umirem svakodnevno" (1.

Korinćanima Poslanica 15:31).

Ja vam naređujem da pogledate unazad na vaš život da stignete do ove mjere i vidite da li zid stoji na vašem putu ka Bogu i ako je tako, porušite ga bez odlaganja.

Da se svako od vas povinuje sa vjerom, žrtvuje u ljubavi i moli se kao pravedna osoba da bi mogli da budete proglašeni kao pravedni, dobijete Njegove blagoslove u svemu što činite i da slavite Boga bez rezervisanja, u ime našeg Gospoda ja se molim!

Poglavlje 6

Velika moć molitve u dogovoru

Još vam kažem zaista,
ako se dva od vas slože na zemlji
u čemu mu drago, zašto se uzmole,
daće im
Otac moj koji je na nebesima.
Jer gdje su dva ili tri
sabrani u ime Moje,
onde sam ja među njima.

(Jevanđelje po Mateju 18:19-20)

1. Bog je zadovoljan da prihvati molitvu u dogovoru

Korejska poslovica nam kaže: „Bolje je da i list papira podižemo zajedno." Umjesto da se jedan izoluje i pokušava da sve uradi sam, ova prastara izreka nas uči, efikasnost će se podići i bolji rezultat se može očekivati kada dvoje ljudi, ili više njih, sarađuje zajedno. Hrišćanstvo koje ističe ljubav za bližnje i crkvena zajednica moraju biti dobar primjer u tom pogledu također.

Knjiga Propovjednika 4:9-12 nam govori: „Bolje je dvojici nego jednom, jer imaju dobru dobit od svog truda. Jer ako jedan padne, drugi će podignuti druga svog. A teško jednom ako padne, nema drugog da ga podigne. Još ako dvojica spavaju zajedno, grije jedan drugog; a jedan kako će se zgrijati? I ako bi ko nadjačao jednog, dvojica će mu odoljeti. I trostruka vrpca ne kida se lako." Ovi stihovi nas uče tome da kada se ljudi ujedine i sarađuju, velika snaga i radost se mogu proizvesti.

Po istom principu Jevanđelje po Mateju 18:19-20 nam govori koliko je važno za vjernike da dolaze zajedno i da se mole u dogovoru. Postoje „pojedinačne molitve" kroz koje se ljudi mole za svoje sopstvene probleme na pojedinačnoj bazi, ili se mole dok meditiraju kroz Riječ u mirnim vremenima i „molitva u dogovoru", kroz koju se određeni broj ljudi okuplja da doziva Boga.

Kao što nam Isus kaže „ako se vas dva složite na zemlji" i „gdje su se dva ili tri okupili u Moje ime," molitva u dogovoru odnosi se na molitvu mnogih u jednom umu. Bog nam govori da On sa oduševljenjem prihvata molitvu u dogovoru i obećava nam da će On uraditi bilo šta što tražimo od Njega i biće prisutan kada dva ili tri dođu zajedno u ime našeg Gospoda.

Kako možemo Bogu podariti slavu sa odgovorima koje dobijamo od Njega kroz molitvu u dogovoru, kod kuće i u crkvi i u okviru naše grupe i zajednice? Dozvolite nam da se udubimo u značaj i metode molitve u dogovoru i napravimo hljeb njegovom snagom da bismo mogli da primimo od Boga bilo šta dok se molimo za Njegovo kraljevstvo, pravednost, crkvu i u velikoj mjeri poštujmo Njega.

2. Značenje molitve u dogovoru

U prvom od stihova na koje se ovo Poglavlje odnosi, Isus nam govori: „Još vam kažem zaista: ako se dva od vas slože na zemlji u čemu mu drago, zašto se uzmole, daće im Otac moj koji je na nebesima" (Jevanđelje po Mateju 18:19). Ovdje nalazimo nešto pomalo čudno. Umjesto da se odnosi na molitvu „jedne osobe," „troje ljudi," ili „dvoje ili više ljudi," zašto Isus izrazito kaže: „ako se dva od vas slože na zemlji u čemu mu drago, zašto se uzmole" i ističe „dvoje" ljudi?

„Dva od vas" ovde stoji za to, u relativnom značenju, svaki od nas „ja" i ostali ljudi. Drugim riječima, „dva od vas" se može odnositi na jednu osobu, deset ljudi, sto ljudi, ili hiljadu ljudi, u značenju jednog.

Koji je onda duhovni značaj „dva od vas?" Mi imamo naše sopstveno „ja" i u nama boravi Sveti Duh sa Svojim sopstvenim karakterom. Kao što u Poslanici Rimljanima 8:26-27 čitamo: „A tako i Duh pomaže nam u našim slabostima: jer ne znamo za šta ćemo se moliti kao što treba, nego sam Duh moli se za nas uzdisanjem neiskazanim," Sveti Duh koji se zalaže za nas pravi naše srce hramom u kojem će da boravi.

Mi dobijamo autoritet na koji imamo pravo kao Božja djeca kada prvi put povjerujemo u Njega i prihvatimo Isusa kao našeg Spasioca. Sveti Duh dolazi i prima naš duh koji je bio mrtav zbog našeg originalnog grijeha. Prema tome, u svakom Božjem djetetu postoji njegovo sopstveno srce i Sveti Duh sa Njegovim sopstvenim karakterom.

„Dva od vas na zemlji" znači molitvu našeg srca i molitvu našeg duha što je posredovanje Svetog Duha. (1. Korinćanima Poslanica 14:15; Poslanica Rimljanima 8:26). Reći „da se dva od vas slože na zemlji zašto se uzmole" znači da se ove dvije molitve nude Bogu u dogovoru. Šta više, kada se Sveti Duh pridruži jednoj osobi u njenoj molitvi, ili dvojici ili više ljudi u njihovoj molitvi, to je za „dva od vas" na zemlji da se složite šta god da tražite.

Sjećajući se značenja molitve u dogovoru, mi moramo da iskusimo ispunjenje Gospodovog obećanja: „Još vam kažem zaista: ako se dva od vas slože na zemlji u čemu mu drago, zašto se uzmole, daće im Otac moj koji je na nebesima" (Jevanđelje po Mateju 18:19).

3. Metode molitva u dogovoru

Bog je zadovoljan da primi molitvu u dogovoru, daje Svoje odgovore brzo takvoj molitvi i manifestuje Njegovo veliko djelo jer se ljudi Njemu mole sa jedinstvenim srcem.

To će sigurno biti izvor preplavljujuće radosti, mira, i beskonačne slave Bogu ako se Sveti Duh i svako od nas moli jednim srcem. Bili bismo u mogućnosti da odgonetnemo „odgovor vatre," i da nesebično svedočimo o postojećem Bogu. Ipak, postati „jedinstveno srce" nije lak zadatak i dovesti naše srce u dogovor nosi značajnu implikaciju.

Pretpostavimo da sluga ima dva gospodara. Zar ne bi njegova lojalnost i srce bili prirodno podjeljeni? Problem postaje još ozbiljniji ako slugina dva gospodara posjeduju različite osobine i ukuse.

Opet, pretpostavimo da dva čovjeka prave planove za neki

događaj. Ipak, ako ne uspiju da budu jedan um i umjesto toga ostanu podjeljeni u njihovim mišljenjima, bilo bi bezbjednije da se zaključi da stvari ne idu previše dobro. Štaviše, ako je dvoje obavilo posao sa dva različita cilja u srcu, njihovo planiranje, od spolja, će se činiti da ide dobro, ali ishod ne može biti očigledniji. Zbog toga, sposobnost da se bude jedinstvenog srca, bez obzira na to da li se molimo sami, sa drugom osobom, ili sa dvoje ili troje ljudi, je ključ primanja Božjeg odgovora.

Kako onda, možemo biti jedinstvenog srca u molitvi?

Ljudi koji se mole u dogovoru, moraju se moliti inspirisani Svetim Duhom, moraju biti zarobljenici Svetog Duha, moraju postati jedno u Svetom Duhu i moliti se u Svetom Duhu (Poslanica Efežanima 6:18). Jer Sveti Duh nosi sa Njim um Boga, On pretražuje sve stvari, čak i dubinu Boga (1 Korinćanima Poslanica 2:10) i posreduje za nas prema volji Božjoj (Poslanica Rimljanima 8:27). Kada se molimo na način na koji naš um vodi Sveti Duh, Bog je zadovoljan da prihvati našu molitvu, daje nam sve što tražimo, čak i odgovore na žudnje našeg srca.

Da bismo se molili ispunjeni Svetim Duhom, moramo vjerovati u Božju Riječ bez sumnje, biti poslušni u istini, biti uvijek radosni, neprestano se moliti i davati zahvalnost u svim okolnostima. Takođe moramo dozivati Boga iz našeg srca. Kada pokažemo Bogu vjeru koja je praćena djelima i borimo se u molitvi, Bog je zadovoljan i i daje nam radost kroz Svetoga Duha. To znači biti „ispunjen" i „biti inspirisan" Svetim Duhom.

Neki novi vjernici ili oni koji se ne mole redovno još uvijek nisu primili moć molitve i zbog toga teže nalaze da je molitva u dogovoru naporna i teška. Ako takve osobe pokušaju da se mole sat vremena, oni pokušavaju da nađu različite teme za molitvu ali nisu sposobni da se mole cio sat. Oni postaju umorni i iscrpljeni, nestrpljivo čekaju da prođe vrijeme i završe mumlajući u molitvi. Takva molitva je „molitva duše" kojoj Bog ne može odgovoriti.

Za mnoge ljude, čak iako su posjećivali crkvu više od decenije, njihova molitva je i dalje molitva duše. Mnogo ljudi koji se žale ili koji postanu obeshrabreni zbog nedostatka Božjeg odgovora, ne mogu dobiti Božje odgovore jer je njihova molitva, molitva duše. Ipak, to ne znači da je Bog okrenuo leđa njihovim molitvama. Bog čuje njihove molitve; On samo ne može da odgovori na njih.

Neko može pitati: „Da li to znači da je besmisleno moliti se jer se molimo bez inspiracije Svetog Duha?" To međutim nije slučaj. Čak iako se oni mole samo u njihovim mislima, dok predano dozivaju Boga, kapije molitve će se otvoriti i oni će primiti snagu molitve i moliće se u duhu. Bez molitve, kapije molitve se ne mogu otvoriti. Jer Bog čuje i molitvu duše, jednom kada se kapije otvore, vi ćete se ujediniti sa Svetim Duhom, molićete se inspiracijom Svetog Duha i dobićete odgovore koje ste tražili u prošlosti.

Pretpostavimo da postoji sin koji nije udovoljio svom ocu. Za sina koji nije udovoljio svom ocu svojim djelima, on ne može dobiti ništa što je tražio od svog oca. Ipak, jednog dana sin je počeo da udovoljava svom ocu svojim djelima i otac je počeo da pronalazi sina u svom srcu. Sada, kako će otac početi da tretira svog sina? Zapamtite da njihov odnos više nije bio ono što je bio u prošlosti. Otac je poželio da sinu da bilo šta što ga je kasnije pitao, a sin je primio čak i stavri koje je tražio u prošlosti.

Na isti način, čak iako je naša molitva iz naših misli, kada se nagomila, mi ćemo primiti moć molitve i molićemo se na način koji je zadovoljavajući za Boga kada se otvore kapije molitve za nas. Takođe ćemo primiti i stvari za koje smo molili Boga u prošlosti i shvatiti da On nije ignorisao ni najbeznačajniju stvar naše molitve.

Štaviše, kada se molimo u duhu ispunjenosti Svetog Duha, nećemo postati umorni i podleći pospanosti ili ovozemaljskim mislima, već ćemo se moliti u vjeri i radosti. Ovako se i grupa ljudi može moliti u dogovoru jer se mole u duhu i u ljubavi sa jednim umom i jednom voljom.

Mi čitamo u drugom od stihova na koje se ovo Poglavlje

odnosi: „Jer gdje su dva ili tri sabrani u ime moje onde sam ja među njima" (Jevanđelje po Mateju 18:20). Kada se ljudi zajedno mole u ime Isusa Hrista, Božja djeca koja su primila Svetog Duha se u suštini mole u dogovoru i naš Gospod će sigurno biti tamo gdje su oni. Drugim riječima, kada se grupa ljudi koja je primila Svetog Duha okupi i moli u dogovoru, naš Gospod će nadgledati um svake osobe, ujediniti će ih u Svetom Duhu i voditi ih da budu jedan um da bi njihova molitva bila zadovoljavajuća za našeg Boga.

Međutim, ako se grupa ljudi ne može ujediniti i biti jedinstvenog srca, grupa u cjelini se ne može moliti u dogovoru ili se moliti iz srca svakog učesnika, čak iako se mole za zajednički cilj, jer srce jednog učesnika nije u dogovoru sa drugim u grupi. Ako srce ljudi u težnji ne može biti ujedinjeno u jedno i jedinstveno, predstavnik treba da vodi vrijeme molitve i pokajanje da bi srce ljudi koji su se okupili postalo jedinstveno u Svetom Duhu.

Naš Gospod će biti sa ljudima koji se mole kada postanu jedno u Svetom Duhu, jer On nadgleda i vodi srce svakog posebno u učešću. Kada molitva ljudi nije u dogovoru, mora se razumijeti da naš Gospod ne može biti sa takvim pojedincima.

Kada se ljudi ujedine i postanu jedno u Svetom Duhu i kada se mole u dogovoru, svako će se moliti iz svog srca, biće ispunjen Svetim Duhom, znojiće se i postati svjestan Božjeg odgovora za koji pita dok ga nalet radosti odozgo obavija. Naš Gospod će biti sa ljudima koji se mole na takav način i takva molitva je onakva koja zadovoljava Boga.

Moleći se u dogovoru u ispunjenosti Svetim Duhom i iz svog srca, nadam se da će svako od vas primiti za šta god da se moli u molitvi i tako dati slavu Bogu kada se okupite sa drugima u vašoj zajednici ili grupi, kod kuće ili u crkvi.

Ogromna moć molitve u dogovoru

Jedna od prednosti molitve u dogovoru je razlika u brzini u kojoj ljudi primaju odgovore od Boga i u načinu na koji se On manifestuje jer na primjer, postoji drastična razlika u kvantitetu molitve između molitve koja traje 30 minuta jedne osobe sa jednom molbom i 30 minuta molitve 10 ljudi sa istom molbom. Kada se ljudi mole u dogovoru i Bog je zadovoljan da primi njihovu molitvu, oni će iskusiti neporjecivu manifestaciju Božjeg djela i ogromnu snagu njihove molitve.

U Djelima Apostolskim 1:12-15, nalazimo da nakon što je naš Gospod vaskrsao i uzdigao se na nebo, grupa ljudi uključujući Njegove učenike, udružili su se zajedno u molitvi. Broj ljudi u toj grupi je bio oko sto dvadeset. U ozbiljnoj nadi da će primiti Svetog Duha, koje im je Isus obećao, ovi ljudi su se okupili da se mole u dogovoru do dana Duhova-Trojice.

I kad se navrši pedeset dana bijehu zajedno svi apostoli jednodušno. I ujedanput postade huka s neba kao duvanje silnog vjetra, i napuni svu kuću gdje seđahu. I pokazaše im se razdijeljeni jezici kao ognjeni; i sjede po jedan na svakog od njih. I napuniše se svi Duha Svetog, i stadoše govoriti drugim jezicima, kao što im Duh davaše te govorahu (Djela Apostolska 2:1-4).

Koliko je čudesno ovo Božje djelo? Dok su se molili u dogovoru, svako od sto dvadeset ljudi okupljenih, primio je Svetog Duha i počeo da govori drugim jezicima. Apostoli su takođe primili ogromnu moć od Boga tako da je broj ljudi koji su prihvatili Isusa Hrista kroz Petrovu poruku i koji su bili kršteni iznosio je skoro tri hiljade (Djela Apostolska 2:41). Sva moguća čuda i čudesni znakovi su bili prikazani od strane apostola, broj vijernika se povećavao iz dana u dan i život vjernika je počeo da se mijenja takođe (Djela Apostolska 2:43:47).

A kad vidješe slobodu Petrovu i Jovanovu, i znajući da su ljudi neknjiževni i prosti, divljahu se, i znahu ih da bijehu s Isusom. A vidjeći iscjeljenog čovjeka gdje s njima stoji ne mogahu ništa protivu reći (Djela Apostolska 4:13-14).

A rukama apostolskim učiniše se mnogi znaci i čudesa među

ljudima; i bijehu svi jednodušno u tremu Solomunovom. A od ostalih niko ne smijaše pristupiti njima; nego ih hvaljaše narod. A sve više pristajahu oni koji vjerovahu Gospoda, mnoštvo ljudi i žena, tako da i po ulicama iznošahu bolesnike i metahu na posteljama i na nosilima, da bi kad prođe Petar barem sjena njegova osjenila koga od njih. A dolažahu mnogi i iz okolnih gradova u Jerusalim, i donošahu bolesnike i koje mučahu nečisti duhovi; i svi ozdravljahu (Djela Apostolska 5:12-16).

Bila je to moć molitve u dogovoru koja je omogućila apostolima da hrabro propovjedaju Riječ, da slijepi progledaju, da iscjele bogalje i slabe, da ožive mrtve, da iscjele sve vrste bolesti i da istjeraju sve zle duhove.

U sledećem je iskaz o Petru koji je u to vrijeme bio zarobljen tokom vladavine Iroda (Agipa 1) koje je u mnogome bilo obilježeno progonom Hrišćanstva. U Djelima Apostolskim 12:5 mi nailazimo: „I tako Petra čuvahu u tamnici; a crkva moljaše se za njega Bogu bez prestanka." Dok je Petar spavao, vezan u lancima, crkva se molila u dogovoru za Petra. Nakon što je Bog čuo molitvu crkve, On je poslao anđela da spasi Petra.

Noć pre nego je Irod trebalo da izvede Petra na suđenje, apostol je bio vezan lancima i spavao dok su ga stražari čuvali na ulazu (Dela Apostolska 12:6). Ipak, Bog je manifestovao svoju moć tako što ga je oslobodio lanaca i otvorio gvozdenu kapiju tamnice samu od sebe (Djela Apostolska 12:7-10). Nakon što je stigao u kuću Marije, majke Jovanove, takođe nazvan Marko, Petar je uvideo da se mnogo ljudi okupilo i da se moli za njega (Djela Apostolska 12:12). Takvo čudesno djelo bilo je rezultat moći crkvene molitve u dogovoru.

Sve što je crkva uradila za zarobljenog Petra bilo je molitva u dogovoru. Na isti način, kada nevolja proguta crkvu ili kada bolest snađe vjernike, umjesto da se uposle čovjekove misli i briga i da se postane uznemiren, djeca Božja moraju prvo da vjeruju da će On riješiti probleme svojim rukama i da se u jedinstvenom umu mole u dogovoru.

Bog polaže ogromne interese u crkvenu molitvu u dogovoru, oduševljen je molitvom u dogovoru i odgovara na takvu molitvu čudesnim djelima. Možete li zamisliti koliko će Bog biti zadovoljan da vidi da se Njegova djeca mole u dogovoru za Njegovo kraljevstvo i pravednost?

Kako ljudi postaju ispunjeni Svetim Duhom i mole se svojim duhom i kada se zajedno mole u dogovoru, oni će iskusiti Božje veliko delo. Oni će dobiti moć da žive po Božjoj Riječi, svjedočiće o postojanju Boga na način na koji su to rane crkve i apostoli učinili, proširiće Božje kraljevstvo i primiće sve što traže.

Molim vas imajte na umu dan nam je naš Bog obećao da će nam On odgovoriti kada pitamo i kada se molimo u dogovoru. Neka svako od vas temeljno razumije značaj molitve u dogovoru i neka se revnosno sastane sa onima koji se mole u ime Isusa Hrista, da biste najprije imali iskustva velike moći molitve u dogovoru, da biste primili snagu molitve i da biste postali dragocijeni radnik u svjedočenju o postojanju Boga, u ime našeg Gospoda ja molim!

Poglavlje 7

Uvijek se molite i nikad ne odustajte

Kaza im pak i priču kako se treba svagda moliti Bogu, i ne dati
da dotuži, govoreći:

„U jednom gradu bijaše jedan sudija
koji se Boga ne bojaše i ljudi ne stiđaše.
A u onom gradu bijaše jedna udovica
i dolažaše k njemu govoreći:
'Ne daj me mom suparniku.'
I ne htjede zadugo;
a najposlije reče u sebi:
'Ako se i ne bojim Boga i ljudi ne sramim,
no budući da mi dosađuje ova udovica,
odbraniću je,
da mi jednako ne dolazi i ne dosađuje.'"

Tada reče Gospod: „Čujte šta govori nepravedni sudija;
a kamoli Bog neće odbraniti izbranih Svojih
koji Ga mole dan i noć?
I hoće li odložiti On dugo nad njima?
Kažem vam da će ih odbraniti brzo."

(Jevanđelje po Luki 18:1-8)

1. Parabola o upornoj udovici

Kada je Isus propovjedao Božju Riječ masama, On nije govorio njima bez parabole (Jevanđelje po Marku 4:33-34). „Parabola o upornoj udovici" na kojoj je ovo poglavlje zasnovano prosvetljava nas o važnosti konstantne molitve, kako treba uvijek da se molimo i da ne treba da odustanemo.

Koliko uporno se molite da dobijete Božje odgovore? Da li pravite pauzu od molitve ili ste odustali jer vam Bog još nije odgovorio?

U životu ima bezbroj problema i stvari obostrano i velikih i malih. Kada evangelizujemo ljude u hrišćanstvo i govorimo im o postojećem Bogu, neki tražeći Boga počinju da odlaze u crkvu da bi riješili svoje probleme a drugi odlaze da bi samo pronašli utjehu u svom srcu.

Bez obzira na razloge zbog kojih ljudi počinju da odlaze u crkvu, dok obožavaju Boga i prihvataju Isusa Hrista, oni uče da oni, kao Božja djeca, mogu da prime bilo šta što traže i da se preobraze u ljude od molitve.

Prema tome, sva Božja djeca moraju naučiti kroz Njegovu Riječ kojom vrstom molitve je on zadovoljan, da se mole u saglasnosti sa suštinom molitve i da posjeduju vjeru da istraju i da se mole dok ne prime plodove Božjeg odgovora. Zbog ovoga su ljudi od vjere svjesni važnosti molitve i mole se uobičajeno. Oni ne čine grijeh odustajanja od molitve čak iako ne dobiju odgovor odmah. Umjesto da odustanu, oni se još vatrenije mole.

Samo sa takvom vjerom ljudi mogu dobiti Božje odgovore i dati Njemu slavu. Ipak, iako se mnogi ljudi izjašnjavaju kao vjernici, teško je pronaći ljude sa tako velikom vjerom kao što je ova. Ovo je razlog zašto se naš Gospod žali i pita: : „Ali Sin čovječiji kad dođe hoće li naći vjeru na zemlji?" (Jevanđelje po Luki 18:8)

U jednom gradu bio je nemoralni sudija kome je udovica stalno dolazila i preklinjala: „Daj mi legalnu zaštitu od mog protivnika." Ovaj korumpirani sudija je očekivao mito, ali siromašna udovica nije čak mogla priuštiti ni mali znak pažnje koji bi dala sudiji. Ipak, udovica je nastavljala da odlazi kod sudije i preklinjala ga, a sudija je stalno odbijao udovičin zahtjev. Onda jednog dana, on je imao promjenu srca. Znate li zašto? Slušajte šta je ovaj nemoralni sudija rekao sebi:

„Ako se i ne bojim Boga i ljudi ne sramim, no budući da mi

dosađuje ova udovica, odbraniću je, da mi jednako ne dolazi i ne dosađuje!" (Jevanđelje po Luki 18:4-5)

Jer udovica nikad nije odustala i nastavila je da ide kod njega sa svojim zahtjevom, čak je i ovaj pokvareni sudija jedino mogao da podlegne udovicinim željama koja ga je stalno gnjavila.

Na kraju ove parabole koju Isus koristi da bi nam dao ključ u dobijanju Božjeg odgovora, On zaključuje: „Čujte šta govori nepravedni sudija; a kamoli Bog neće odbraniti izbranih Svojih koji Ga mole dan i noć? I hoće li odložiti On dugo nad njima? Kažem vam da će ih odbraniti brzo" (stihovi 6-8).

Ako je i nemoralni sudija uslišio molbu udovice, zašto ne bi pravedni Bog odgovorio kada ga Njegova djeca dozivaju? Ako se zavjetuju da dobiju odgovor za određeni problem, brzo, ostaju budni cijelu noć i bore se u molitvi, kako da im Bog ne odgovori brzo? Siguran sam da je mnogo vas čulo za slučajeve u kojima su ljudi dobili odgovore u periodu zavjetne molitve.

U Psalmima 50:15 Bog nam govori: „Prizovi Me u nevolji svojoj, izbaviću te i ti Me proslavi." Drugim riječima, Bog nam namjerava da poštujemo Njega tako što nam odgovara na molitvu. Isus nas podsjeća u Jevanđelju po Mateju 7:11: „Kad dakle vi, zli budući, umijete dare dobre davati djeci svojoj, koliko će više Otac vaš nebeski dati dobra onima koji Ga mole!" Kako bi mogao Bog, koji nam je bez rezerve dao svoga jedinog Sina da umre za nas, ne odgovoriti na molitve Njegove voljene djece? Bog žudi da daje brze odgovore Njegovoj djeci koja Ga vole.

Ipak, zašto toliko mnogo ljudi govori da je bez Njegovih odgovora iako se mole? Božja Riječ nam naročito govori u Jevanđelju po Mateju 7:7-8: „Ištite, i daće vam se; tražite, i naći ćete; kucajte, i otvoriće vam se. Jer svaki koji ište, prima; i koji traži, nalazi; i koji kuca, otvoriće mu se." Zbog toga je nemoguće da naša molitva ostane neodgovorena. Ipak, Bog nije u mogućnosti da odgovori na naše molitve zbog zida koji stoji na našem putu ka Njemu, jer se mi nismo dovoljno molili, ili zato što još uvijek nije došlo vrijeme da primimo Njegove odgovore.

Mi treba uvijek da se molimo bez odustajanja, jer kada istrajemo i nastavimo da se molimo sa vjerom, Sveti Duh ruši zid koji stoji između Boga i nas i otvara put ka Božjim odgovorima kroz pokajanje. Kada količina naše molitve se učini Božjim očima dovoljnom, On će nam sigurno odgovoriti.

U Jevanđelju po Luki 11:5-8, Isus nas uči ponovo o istrajnosti i nametljivosti:

Koji od vas ima prijatelja, i otide mu u ponoći i reče mu: Prijatelju! Daj mi tri hljeba u zajam; jer mi dođe prijatelj s puta, i nemam mu šta postaviti; a on iznutra odgovarajući da reče: „Ne uznemiravaj me; već su vrata zatvorena i djeca su moja sa mnom u postelji, i ne mogu ustati da ti dam." I kažem vam, ako i ne ustane da mu da zato što mu je prijatelj, ali za njegovo bezobrazno iskanje ustaće i daće mu koliko treba.

Isus nas uči da Bog ne odbija već odgovara nametljivosti Njegove djece. Kada se molimo Bogu, moramo se moliti hrabro i sa istrajnošću. Ne treba reći da samo zahtjevaš, već se moliti i tražiti sa osjećajem sigurnosti u vjeri. Biblija često pominje mnoge pretke od vjere koji su dobili odgovore takvom molitvom.

Nakon što se Jakov borio sa anđelom na rijeci Javok do svitanja, on se ozbiljno molio i napravio snažan zahtjev za blagoslov, govoreći: „Neću te pustiti dokle me ne blagosloviš" (Postanak 32:26), i Bog je odobrio blagoslov za Jakova. Od tada pa nadalje, Jakov je nazvan „Izrael" i postao je praotac Izraelaca.

U Jevanđelju po Mateju u poglavlju 15, žena Hananejka čija ćerka je patila od posjedovanja demonom prva je izašla pred njim i dozivala Njega „Pomiluj me Gospode sine Davidov! Moju kćer vrlo muči đavo." Ali Isus nije rekao ni riječi (Jevanđelje po Mateju 15:22-23). Kada je žena došla po drugi put, klekla pred Njim i Njega preklinjala, Isus je samo jednostavno rekao: „Ja sam poslan samo k izgubljenim ovcama doma Izrailjevog" i odbio je ženin zahtjev (Jevanđelje po Mateju 15:25-26). Kada je žena opet molila Isusa još jednom: „Da, Gospode, ali i psi jedu od mrva što padaju s trpeze njihovih gospodara" onda joj je Isus odgovorio: „O ženo; velika je vjera tvoja; neka ti bude kako hoćeš" (Jevanđelje po Mateju 15:27-28).

Slično, mi moramo pratiti stope naših praotaca u vjeri i saglasnosti sa Božjom Riječi i uvijek se moliti. I mi treba da se molimo u vjeri, sa osjećajem sigurnosti i sa žarkim srcem. Pri vjeri u našeg Boga koji nam dozvoljava da požnjemo u odgovarajuće vrijeme, mi moramo postati istinski sledbenici Hrista u našoj molitvi bez odustajanja.

2. Zašto treba uvijek da se molimo

Kao što čovjek nije u mogućnosti da održi život bez disanja, Božja djeca koja su primila Svetog Duha ne mogu dostići vječni život bez molitve. Molitva je dijalog sa živim Bogom i našim duhovnim dahom. Ako Božja djeca koja su primila Svetog Duha ne komuniciraju sa Njim, oni će ugasiti vatru Svetog Duha i tako više neće moći da koračaju stazom života, već će zalutati na stazu smrti i na kraju neće uspijeti da dostignu spasenje.

Ipak, ako molioci uspostave komunikaciju sa Bogom, mi ćemo dostići spasenje dok čujemo glas Svetog Duha i učimo da živimo po volji Božjoj. Čak iako nevolje dođu na naš put, Bog će nam dati način da to izbjegnemo. On će takođe djelati za naše dobro u svim stvarima. Pri molitvi mi ćemo takođe iskusiti moć svemoćnog Boga koji nas ojačava da se suočimo i prevaziđemo neprijatelja đavola, tako što ćemo mu dati slavu našom postojanom vjerom koja nemoguće može učiniti mogućim.

Prema tome, Biblija nam zapovijeda da se molimo bez prestanka (1. Solunjanima Poslanica 5:17) i to je „Božja volja" (1.Solunjanima Poslanica 5:18). Isus nam postavlja odgovarajući primjer moleći se stalno prema Božjoj volji nezavisno od vremena i mjesta. On se molio u pustinji, na planini, i na mnogim drugim mjestima i molio se u zoru i preko noći.

Moleći se stalno, naši praoci vjere živjeli su po volji Božjoj. Prorok Samuel nam govori: „A meni ne dao Bog da zgriješim

GOSPODU i prestanem moliti se za vas; nego ću vas upućivati na put dobar i prav" (1. Samuelova Poslanica 12:23). Molitva je Božja volja i Njegova zapovijest; Samuel nam govori da ne moliti se predstavlja grijeh.

Kada se ne molimo ili kada pravimo pauzu od našeg molitvenog života, svjetovne misli cijede naš um i spriječavaju nas u da živimo po Božjoj volji i mi počinjemo da se suočavamo sa teškim problemima jer smo bez Božje zaštite. Prema tome, kada ljudi padaju u iskušenja oni gunđaju protiv Boga ili idu stranputicom sa Njegovog puta još više.

Iz ovog razloga 1. Petrova Poslanica 5:8-9 nas podsjeća: „Budite treznog duha i budite na oprezu. Jer suparnik vaš, đavo, kao lav ričući hodi i traži koga da prožderе. Branite se od njega tvrđom u vjeri, znajući da se takva stradanja događaju vašoj braći po svijetu" i naređuje nam da se uvijek molimo. Hajde da se molimo ne samo kada postoje problemi, već uvijek, da bismo bili Božja blagoslovena djeca čija svaka stvar u životu ide po dobru.

3. U pravo vrijeme mi ćemo žnjeti žetvu

U Poslanici Galaćanima 6:9 čitamo: „A dobro činiti da nam se ne dosadi; jer ćemo u svoje vrijeme požnjeti ako se ne umorimo." Isto je i sa molitvom. Kada se molimo uvijek sledeći Božju volju bez odustajanja i kada odgovarajuće vrijeme dođe, mi ćemo požnjeti žetvu.

Ako farmer postane nestrpljiv ubrzo nakon sađenja sjemena i iskopa sjeme iz zemlje, ili ako prestane da brine o svojim usjevima i čeka, u čemu bi bilo smisao žetve? Dok ne dobijemo odgovore na našu molitvu, posvećenost i istrajnost su neophodni.

Štaviše, vrijeme žetve varira u zavisnosti od sjemena koje smo posadili. Neko sjeme donosi plod za nekoliko mjeseci, dok su za drugo potrebne godine. Povrće i žitarice se lakše žanju od jabuka ili rijetkog bilja kao što je ženšen. Za dragocijenije i skuplje useve, potrebno je investirati više vremena i posvećenosti.

Vi morate shvatiti da je više molitve potrebno za veće i ozbiljnije probleme za koje se molite. Kada je prorok Danilo imao viziju vezanu za budućnost Izraela, žalio je tri nedelje i molio se, Bog je čuo njegovu molitvu prvog dana i poslao anđela da se uvjeri da je prorok svjestan ovoga (Danilo 10:12). Međutim, kako je princ odolevao moći anđela dvadeset i jedan dan, anđeo je mogao da dođe Danilu poslednjeg dana i samo tada je Danilo znao zasigurno (Danilo 10:13-14).

Šta bi se desilo da je Danilo odustao i prestao da se moli? Iako je postao ožalošćen i izgubio snagu nakon što je imao viziju, Danijel je prionuo u molitvi i na kraju dobio Božji odgovor.

Kada istrajemo u vjeri i molimo se dok ne dobijemo odgovore, Bog nam daje pomagača i vodi nas Njegovim odgovorima. Zbog toga je anđeo koji je donio Božje odgovore Danilu rekao proroku: „Ali knez carstva persijskog staja mi nasuprot dvadeset i jedan dan; ali, gle, Mihailo jedan od prvih knezova dođe mi u pomoć; tako ja ostah onde kod careva persijskih. I dođoh da ti kažem šta će biti tvom narodu poslije; jer će još biti utvara za te dane" (Danilo 10:13-14).

Za kakve probleme se vi molite? Je li vaša molitva takva da dospijeva do Božjeg prijestolja? Da bi razumio viziju koju mu je Bog pokazao, Danilo je odlučio da se ponizi tako što nije jeo ukusnu hranu, niti su meso i vino ušli u njegova usta, niti je uopšte koristio mast dok tri nedelje nisu završene. (Danilo 10:3). Kada se Danilo ponizio u toku te tri nedelje u zavetnoj molitvi, Bog je čuo njegovu molitvu i odgovorio mu još prvog dana.

Ovdje, obratite pažnju na činjenicu da iako je Bog čuo Danilovu molitvu i odgovorio proroku još prvog dana, bilo je potrebno tri nedelje da Njegovi odgovori dospu do Danila. Mnogi ljudi, kada se suoče sa ozbiljnim problemom, pokušaju da se mole jedan ili dva dana i brzo odustanu. Takva praksa svjedoči njihovoj maloj vjeri.

Ono što je danas najpotrebnije našoj generaciji je srce kojim vjerujemo samo u našeg Boga, koji će nam sigurno odgovoriti, istrajnost i molitva, bez obzira na vrijeme pristizanja Božjih odgovora. Kako možemo očekivati da ćemo primiti Božje odgovore bez istrajnosti?

Bog nam daje kišu u sezoni i jesenju kišu i prolećnu kišu i postavlja vrijeme žetve (Jeremija 5:24). Zbog toga nam je Isus rekao: „Zato vam kažem, sve što ištete u svojoj molitvi vjerujte da ćete primiti, i biće vam" (Jevanđelje po Marku 11:24). Zato što je Danilo vjerovao u Boga koji odgovara na molitve, on je istrajao i nije pravio pauzu dok se molio dok nije dobio odgovor od Boga.

Biblija nam govori: „Vjera je, pak, tvrdo čekanje onog čemu se nadamo, i dokazivanje onog što ne vidimo" (Poslanica Jevrejima 11:1). Ako je neko odustao od molitve zato što još uvijek nije dobio odgovor od Boga, on ne smije misliti da ima vjeru i da će dobiti odgovore od Boga. Ako ima istinsku vjeru, on se neće zadržavati u sadašnjim okolnostima, već će se moliti konstantno bez odustajanja. To je zato što on vjeruje da će mu Bog, koji nam dozvoljava da požanjemo ono što smo posijali i uzvraća nam se za ono što smo činili, odgovoriti.

Kao što u Poslanici Efežanima 5:7-8 čitamo: „Ne bivajte dakle zajedničari njihovi; jer bijaste nekada tama, a sad ste vidjelo u Gospodu: kao djeca vidjela živite," neka svako od vas posjeduje iskrenu vjeru, istraje u molitvama prema svemogućem Bogu i dobije sve što potraži u molitvi i vodi život pun Božjih blagoslova, u ime našeg Gospoda Isusa Hrista ja se molim!

Autor:
Dr. Jaerock Lee

Dr. Džerok Li je rođen u Muanu, Džeonam provinciji, Republika Koreja, 1943. god. U svojim dvadesetim, Dr. Li je sedam godina patio od mnoštva neizlečivih bolesti i iščekivao smrt bez nade za oporavak. Jednog dana u proljeće 1974. god, njegova sestra ga je odvela u crkvu i kad je kleknuo da se pomoli, Živi Bog ga je momentalno izliječio od svih bolesti.

Od trenutka kad je Dr. Li sreo živog Boga kroz to divno iskustvo, on je zavolio Boga svim svojim srcem i iskrenošću, a u 1978. god., je pozvan da bude sluga Božji. Molio se revnosno uz nebrojene molitve u postu kako bi mogao jasno da razumije volju Božju, u potpunosti je ispuni i posluša Riječ Božju. Godine1982. je osnovao Manmin centralnu crkvu u Seulu, Koreja i bezbrojna djela Božja uključujući čudesna iscijeljenja, znaci i čuda se dešavaju u njegovoj crkvi.

U 1986. god. Dr. Li je zaređen za pastora na godišnjem Zasjedanju Isusove Sungkjul crkve Koreje, i četiri godine kasnije u 1990.god. njegove propovijedi su počele da se emituju u Australiji, Rusiji, na Filipinima. U kratkom vremenskom periodu i mnogim drugim zemljama je bio dostupan preko Radio difuzne kompanije Daleki Istok, Azija radio difuzne kompanije i Vašingtonskog hrišćanskog radio sistema.

Tri godine kasnije, 1993.god., Manmin centralna crkva je izabrana za jednu od „Svjetskih top 50 crkava" od strane magazina Hrišćanski svijet (Christian World) (SAD), a on je primio počasni doktorat bogoslovlja od Koledža hrišćanske vjere, Florida, SAD i 1996.god. iz Službe od Kingsvej teološke bogoslovije, Ajova, SAD.

Od 1993.god., dr. Li prednjači u svjetskoj evangelizaciji kroz mnogo inostranih pohoda u Tanzaniji, Argentini, Los Anđelesu, Baltimoru, Havajima i Nju Jorku u Sjedinjenim Američkim Državama, Ugandi, Japanu, Pakistanu, Keniji, Filipinima, Hondurasu, Indiji, Rusiji, Njemačkoj, Peruu, Demokratskoj Republici Kongo, Izraelu i Estoniji.

U 2002-oj godini bio je priznat od strane glavnih hrišćanskih novina kao „svijetski obnovitelj" zbog svojih moćnih službovanja u mnogim prekomorskim pohodima. Naročito njegov „Pohod u Njujork 2006. god." održan u Medison skver gardenu (Madison Square Garden), najpoznatijoj areni na svijetu. Događaj je emitovan za 220 nacije a na njegovom „Ujedinjenom pohodu u Izrael 2009. god." održanom i Međunarodnom konvencionalnom centru (International Convention Center (ICC)) u Jerusalimu on je hrabro izjavio da je Isus Mesija i Spasitelj.

Njegove propovijedi emitovane su za 176 nacija putem satelita uključujući GCN TV i bio je svrstan kao jedan od „Top 10 najuticajnijih hrišćanskih vođa" 2009-e i 2010-e godine od strane popularnog Ruskog hrišćanskog časopisa U pobjedu (In Victory) i novinske agencije Hrišćanski telegraf (Christian Telegraph) za njegovu moćnu svješteničku službu TV emitovanja i njegove inostrane crkveno pastorske službe.

Od Septembra 2013.god., Manmin Centralna Crkva ima zajednicu od preko 120.000 članova. Postoji 10 000 ogranaka crkve širom planete uključujući 56 domaćih ogranaka crkve i do sad više od 129 misionara su opunomoćena u 23 zemlje, uključujući Sjedinjene Države, Rusiju, Njemačku, Kanadu, Japan, Kinu, Francusku, Indiju, Keniju i mnoge druge.

Do datuma ovog izdanja Dr. Li je napisao 85 knjige, uključujući bestselere: Probanje vječnog života prije smrti, Moj život, moja vjera I i II, Poruka sa krsta, Mjera vjere, Raj I& II, Pakao, i Moć Božja. Njegove knjige su prevedene na više od 75 jezika.

Njegove Hrišćanski rubrike se pojavljuju u Hankok Ilbo, JongAng dnevniku, Dong-A Ilbo, Munhva Ilbo, Seul Šinmunu, Kjunghjang Šinmun, Korejski ekonomski dnevnik, Koreja glasnik, Šisa vijesti, i Hrišćanskoj štampi.

Dr. Li je trenutno na čelu mnogih misionarskih organizacija i udruženja U tu poziciju spadaju: Predsjedavajući, Ujedinjene svete crkve Isusa Hrista; predsjednik, Manmin svjetska misija; stalni predsjednik, Udruženje svijetske hrišćanske preporodne službe; osnivač i predsjednik odbora, Globalna hrišćanska mreža (GCN); osnivač i član odbora, Mreža svjetskih hrišćanskih lekara (WCDN); i osnivač i član odbora, Manmin internacionalna bogoslovija (MIS).

Druge značajne knjige istog autora

Raj I & II

Detaljna skica predivne životne okoline u kojoj rajski stanovnici uživaju i preljepi opisi različitih nivoa nebeskih kraljevstva.

Moj Život Moja Vjera I & II

Najmirisnija duhovna aroma izvučena iz života koji je cvjetao sa neuporedivom ljubavlju za Boga, u sred crnih talasa, hladnih okova i najdubljeg očaj.

Probanje Vječnog Života Prije Smrti

Zavjetni memoari Dr. Džeroka Lija, koji je rođen ponovo i spašen iz doline senke smrti, i koji vodi primjeren Hrišćanski život.

Mera Vjere

Kakvo mjesto stanovanja, kruna i nagrade su spremne za vas u raju? Ova knjiga obezbjeđuje mudrost i smjernice za vas da izmjerite vašu vjeru i gajite najbolju i

Pakao

Iskrena poruka cijelom čovječanstvu od Boga, koji ne želi da ijedna duša padne u dubine Pakla! Otkrićete nikad do sad otkriveni iskaz o okrutnoj stvarnosti Nižeg Hada i Pakla.

www.urimbooks.com

www.ingramcontent.com/pod-product-compliance
Lightning Source LLC
LaVergne TN
LVHW061552070526
838199LV00077B/7005